天下无路

李 琦 著

光明日报出版社

图书在版编目（CIP）数据

天下无路：茶酒相伴出书斋 / 李琦著 .-- 北京：
光明日报出版社，2019.10（2022.9 重印）
ISBN 978 - 7 - 5194 - 5221 - 6

Ⅰ.①天… Ⅱ.①李… Ⅲ.①读书笔记—中国—现代
Ⅳ.① G792

中国版本图书馆 CIP 数据核字（2019）第 053122 号

天下无路——茶酒相伴出书斋

TIANXIA WULU— CHA JIU XIANGBAN CHU SHUZHAI

著　　者：李　琦

责任编辑：杨　茹　　　　　　　责任校对：傅泉泽
封面设计：张可心　　　　　　　责任印制：曹　诤
封面题字：林有振　　　　　　　插图绘制：李冰月

出版发行：光明日报出版社
地　　址：北京市西城区永安路 106 号，100050
电　　话：010-67021047（咨询），010-63131930(邮购)
传　　真：010-67078227，67078255
网　　址：http://book.gmw.cn
E - mail：gmrbcbs@gmw.cn
法律顾问：北京市兰台律师事务所龚柳方律师

印　　刷：三河市华东印刷有限公司
装　　订：三河市华东印刷有限公司
本书如有破损、缺页、装订错误，请与本社联系调换，电话：010-67019571

开　　本：170mm×240mm　　　　印　　张：14
字　　数：166 千字　　　　　　　插　　图：14
版　　次：2019 年 10 月第 1 版　　印　　次：2022 年 9 月第 2 次印刷
书　　号：ISBN 978 - 7 - 5194 - 5221 - 6

定　　价：75.00 元

行路与读书

李琦是我的同事，也是至友，在厦门大学的校园里，可以说是惺惺相惜，志同道合。主要原因是，我们的教育理念完全一样。这一点在《天下无路——茶酒相伴出书斋》的《边城长汀》一文中有体现。当年萨本栋校长，为了让福建、浙江和江西三省的中华儿女有大学上，坚持不去大西南，力主将厦门大学迁到福建长汀。这是当时距离抗战前线最近，也是唯一的一所高等学府。在这里艰苦教学八年，萨校长积劳成疾，厦门大学赢得"南方之强"的赞誉。百年前，校主陈嘉庚为救国，倾资甚至毁家创办厦门大学，这种精神感动着一代又一代的厦大人。为让孩子们成人且全面自由地发展，为中华文明的传承和民族的未来而教育，这就是我们的教育理念！

我们同是厦大人，不过李琦的专业是法律，在法学界也颇有些名气。可是，这位法学教授近年来却倾注大量的精力和时间关注中华传统文化，这让以此为专业的我，无比汗颜。更令我自愧不如的是，李琦以行万里路的方式，向人们展示着中华文化的魅力，同时又以比较的方式将西方文化和中华精神联系在一起，进一步提升民族文化自信。所谓"茶酒相伴出书斋"，的确方法独特，构思巧妙。

文化是需要载体的，可是，中华文化的载体在现代化大潮的摧剥下，渐行渐远。好在时光虽然在流逝，空间却可以暂时留住时光的脚步与痕迹。于是，李琦就缓慢而深情地，阅读中华大地这本深厚且永恒的书。这本散文集《天下无路——茶酒相伴出书斋》告诉人们，如何行万里路，不虚此行；如何读万卷书，不空疏无当。李琦是用心在行万里路，如此便将这万里路也行成了万卷书！

人的知识是有限的，对中华大地无论爱得多深沉，也会有非常多知识的盲点，因此，即使重走自己熟悉的路，甚至想深入了解自己的家乡，也需要翻阅一下相关资料，让我们的知识与古迹彼此印证，让读书与行路相得益彰，让理论与情感水乳交融。既能够让我们的知识鲜活起来，又能够让我们脚下的路成为人类精神的轨迹。读《天下无路——茶酒相伴出书斋》时，就会给人以读书与行路统一的感觉，让人觉得，每一种景致都是一本读不尽的书，所有的知识落到了地上，才更加结实。

可是，现代化的交通工具和都市生活，让人们不再走路，这正是李琦称他的散文集为"天下无路"的原因。鲁迅说：天下本来没有路，走的人多了就成了路。可是，天下已经有了路，人们不走，便不再有路。在乘飞机就像坐公交车一样方便的现代社会，李琦依然乘坐 K 字打头的列车，或者自驾，坚持行万里路。显然，对大多数人而言，目前这还是一件比较奢侈的事。其实，如今的人们何尝是不行路，也不读书。所以，李公的"天下无路"也蕴含着"天下无书"的警醒。因此，身体力行地让人们放慢节奏，读万卷书、行万里路的李公，让我想起手持长矛向风车挑战的古代侠士，这种豪迈的执着与浪漫的情怀，似乎昭示着一种回归。当人们的血肉之躯一旦停止为生存而奔波时，就有可能放慢节奏，品味生命的过程，慢下来就成了心灵的需要和满足。

手持长矛挑战风车，需要的何止是勇气和浪漫，还需要仅属于男人的血性。李琦虽然是福建人，但是李氏的郡望却在陇右。那里是产生过"飞将军"李广的土地，有着黄土沙尘、尚武豪气与金戈铁马的铿锵。也许千年的英灵会穿越时空，这种豪气和铿锵，隐隐地呈现在李公身上，使得他经常将厚重的文化、美好的景致，与历史上曾经有过的惨烈的战争交汇在一起，令人荡气回肠！比如，《腾冲问国殇》一文，将我们带到了血雨腥风的抗日战场。如此的时空交错，便会形成强烈的对比，让诗意与美、文化和历史，将血污和骸骨、兽性与残暴衬托得更加触目惊心！有时不禁质疑李公，何以有如此铁硬的心肠，将美好的东西这般撕破了给人看。当读到李公酹酒祭奠抗日英灵的时候，我的心颤抖了，泪眼蒙眬。我终于明白，这铁硬的心肠正是爱得太深沉。

正是因为这份深沉的爱，让李公放下手中一些可做可不做的琐事，离开匆匆嘈杂的都市生活，出远门去行走，寻找将要消失的存在，品味悠久绵长的记忆，让生命的节奏慢下来，让书与路都有了生命，让生命更彰显其魅力，然后，用简练古朴却略显晦涩的文字，将这一切记载下来，让人们的生命不再浮光掠影。这让我想起民间的一则传说：函谷关令尹喜，清晨发现紫气东来，命守关士兵注意，中午定有高人过关。果然在正午时分，一位须发皆白的老人，骑着一头青牛，慢慢悠悠地朝函谷关而来。如此行万里路，是智慧也是境界。

也许是历史的巧合，此君也姓李。

傅小凡

厦门大学哲学教授

己亥年戊辰月癸酉日

目 录
CONTENTS

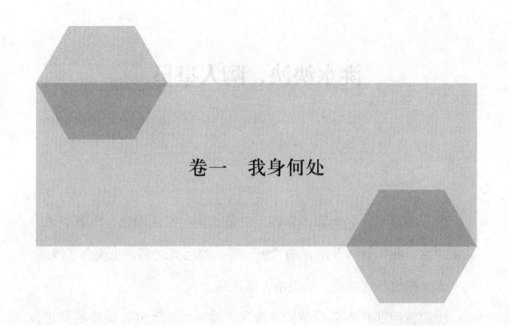

卷一　我身何处

洮水泱泱，陶人皇皇

这一条洮水，名字取得真好。它是实实在在的陶水，陶器之水，彩陶之水。兆，意为开始，加"水"旁，为河流之名，正契合了洮水与"人文初始"之关系。这关系，落在陶上。

比起黄河那些声名赫赫的支流来，洮水缄默无闻。关中的渭水，流淌出八百里秦川，流出周秦的辉煌，流出汉唐的雄阔，流着汉赋唐诗的风骚雅韵，流着佛法东传的阵阵梵音。山西的汾水，不仅滋养过尧舜的功业，也化作竹叶青的芳香，使华夏大地平添了好意象。可有谁知道，若非陶土成器在先，何来周鼎之肃穆、酒缸里化生？渭水也好，汾水也罢，任你千年风流，引来无数英雄，也终究不过在下游，在洮水的下游。

这洮水，不同于通常的"一江春水向东流"，是从东南向西北流的。在黄河快要流到有金城之称的兰州时，洮水汇入黄河。切莫简单地当这是孩子扑入母亲怀抱。于华夏文明，黄河固然称"母亲河"，洮水却也是可以尊享这一荣耀的。或者说，若非洮水，黄河之为母亲河，便有些不够分量，不是水量少了，而是逊色了。这一色，是马家窑彩陶的夺目光彩。

马家窑是洮水之滨的一个镇子，本不起眼。几十年前，考古学家在此突然发现了大量的彩陶。按照考古学上的做法，"史前"的"新石器时代"，用地名加"文化"来命名一处有新内涵的考古发现。由于公认陶器之于人类文化具有鲜明的、独特的表征作用，遂把陶器作为划分史前文化类型、识别人类文明进程的重要依据。正是在马家窑彩陶的闪耀中，严肃、严谨的中国考古学家慧眼以识"马家窑文化"。这"马家窑文化"，生成于距今五千多年前，是以河南渑池的仰韶村命名的"仰韶文化"的延续。它堪为华夏文明史上不可少的一个环节。

进入冶金时代之前的人类文明，通称为"史前"。其时，人类已经有了几千年的定居、农耕、制陶的历史。"史前"一词，实不确当，叫"新石器时代"也是不可理喻，改称"陶器时代"才妥当。先民在这个时期陶土成器，已是琳琅满目、多姿多彩。素陶、灰陶、黑陶、白陶、红陶之外，复有彩陶艳绝今人。马家窑文化之于彩陶，自是登峰造极，空间上无出其右，时间上其响后绝。马家窑彩陶，器形之美、色彩之亮，令人为之倾倒。而其内涵之丰富、寓意之玄妙，纵然今人穷竭智识、心神俱付，却依然不敢轻言得窥堂奥。

以彩陶耀世的马家窑文化，空间分布上不限于今日甘肃境内的洮水两岸。与洮水流域毗邻的，是青海境内的湟水流域。湟水发源于青海湖东侧，今有湟源为名之地。据说，华夏过去称为"北海"的今日贝加尔湖，有"地球之井"的美誉，所蓄淡水为地表五分之一。青藏高原上名为"青海"的湖，则有"高原之眼"的雅称，甚至也称"人类之眼"。湟水即在青海湖的"眼皮底下",聚高原融雪,早于洮水注入黄河。这一地域,遂称"河湟谷地",一样地供先民安居,并陶土成器。这洮水、湟水,真像携手并行的姐妹俩,养育了璀璨的"马家窑文化"。

从兰州西出,先过洮水入黄河处;再行经青海的民和、乐都至西宁,即是河湟谷地;由湟水上的西宁,向北折去大通。这一带,正是"马家窑文化"所在,出土的彩陶,博物馆里藏珍、学者著述析论。飞驰的火车上,临窗放眼,心思却顺时间之轴前行数千年。那些陶土成器的先人,不论是否成了仙人,都已无存、不显。知否,知否,其形大小?其貌美丑?惜哉,惜哉,其人已随洮、湟去,东流入海不复返,空留古陶在此地。幸也,幸也,远古彩陶上各式线、纹、图、符外,还有人,姿态多样,栩栩如生。何不称其为"陶人"?陶器上的先人,可以眼见,为实像陶人。而那陶土成器之先人,眼不得见,为虚像陶人。实像陶人是虚像陶人的化身,存与今人品识。虚像陶人是实像陶人之原身,可由今人神会。

有些彩陶盆上,内沿绘有舞蹈人像,人像数量不一,还分了组,每组人数也不一。论者或以为是虚像陶人在彩陶上通过舞蹈人像投射自我。这便是彩陶之为艺术了。不是说,艺术是人的确证吗。也有人不以为然,认定舞蹈原是娱神的,即所谓"以舞降神"。如此,彩陶就承载了信仰。还有人匠心独运,发现"舞蹈纹盆花纹组合中展示了日月回旋、周年轮回和季节划分的特征"。这是从彩陶的舞蹈人像上读出了先民的空间观念与时间观念。易言之,彩陶蕴含着虚像陶人对天地宇宙的认识。岂非,今人所言艺术、信仰、科学,在彩陶上已经初露端倪？

　　青海柳湾遗址发现一件马家窑文化的珍贵彩陶，是裸体浮雕人像彩陶壶。据说，这是迄今所见的中国最早的一件浮雕式"史前"彩陶。这件陶壶高一尺，表面浮雕。浮雕的一面是裸体人像，另一面雕着蛙纹。裸体人像刻意突出女性器官特征，如隆起的腹部、乳房，但在女阴部又有一凸起物，似乎表现的是阴阳合体形象。有人断言，这件器物的装饰，将彩绘与雕塑技法融为一体，是史前艺术上的一次巨大创新。就其用处，公认这件陶壶不是日常器具，而是具有礼仪功能甚至祭祀所用的礼器。因此，其雕塑的含义就极为特别了。有人又联系到背面的蛙纹，以为这或许是一件有关生殖崇拜或生殖巫术的特殊器物。

　　今人大概不能区分，陶究竟是艺术的载体，还是艺术本身。似也不必如此区分。兰州城里，有专注地系统论证彩陶艺术的人士，断言陶器时代的彩陶艺术，是"不为艺术的艺术"，处于"艺术与非艺术之间"，而成为"最接近人性本原的艺术"，实在是后人"无法再现的辉煌"。

　　这样的陶人，现代的"文明人"却视其为"原始人"，甚至只当是"野蛮人"。何其狭隘、无知、自大。这自大，和一种特定的历史观紧紧勾连着，叫进步论。按照进步论，今天比昨天进步、合理，明天则比今天进步、合理。据此，自然是今人比古人高明，今人是文明的，古人则必定是野蛮的。这样的进步论，严格考较，不过近五百年来西人的思想，几乎与西方人的全球征服扩张、工具突飞猛进同步。法国人孔多塞，简直把这进步论历史观发展到极致。在他看来，人类精神世界如同器物领域，今是昨非，乃至可以清晰地列出《人类精神进步史表》。

"轴心时代"里的希腊，毕达哥拉斯提取出数，德谟克利特发现了原子，亚里士多德演绎着逻辑，适为此数百年来大化流行的实证科学之源头。东方智慧则缺少这一般敏细、精微、剖析、谨严，数十年来惹起多少忧思之士自叹弗如，气短、情伤。然而，于大地与泥土，亲近、膜拜乃至皈依，实是东方心灵的独特所在。这不仅表现为青铜时代既有夏至祭地于北郊之举，也体现于尊山岳以祭之，遂有五岳庙。东岳庙、中岳庙得以身列世界文化遗产，算是今人感知先人之心灵。这般东方心灵，还延及为江、河、淮、济四渎立庙，以渎庙拜水。至今尚有王屋山下济渎庙之存，且为四渎合祭之庙，连带着也将"北海"贝加尔湖祭一祭。其于华夏文化之承载，实不下于东岳庙、中岳庙。另一面，对天、地态度上还是有别的。《礼记》所谓"是以尊天而亲地"。在民间信仰一面，几乎各村都立有土地庙，即可见一斑。到了今人往顾人类历程、追寻远古精神之时，便更能感受得栽培所得芬芳、陶土所用温度，更能把握那存在于辽远的时间深处的一缕缕心音。"农耕和制陶是应用泥土的两种不同的文明技艺。"轻轻一语，直陈要义，恰是东方心灵在现代文明里与远古遥相呼应，向先祖虔诚致意。

一万多年来，华夏耕作、陶土，不仅陶瓷之为器、艺饮誉寰宇，单就"陶"之一字，也是含义丰富、饱满。陶，先做名词，指称一应器物，自具用处；再做动词，代表相应行动。行动领域里，陶在具象层面是形塑、烧制，为陶冶、陶铸；而这陶冶、陶铸，在抽象层面已带着超越性而为化育、养成。更有甚者，陶还做形容词，陶醉、陶然、陶陶，生动、形象地传递着精神之灵动、情感之欢愉。"石器时代"

或陶器时代之命名，非辞藻之异，乃心神之别。若是手上只有石器以砍、砸、割、刺，眼中只见石器之砍、砸、割、刺，万年来的文化会如何积累？精神世界又如何荡开？

今人当知，五六千年前的陶器时代里，"野蛮"的"史前"虚像陶人，已是一番经天纬地，更是顺天应地，却并不惊天动地。看似简单的陶土成器，无中生有地自造了空间，将虚、实辩证呈现，将动、静转承于无形，也在物、我两静中融时间之轴上的过去、现在、未来于陶器上，更使生、死循环往复。

在最简单的制作中融贯最深邃的精神世界，在最有限的器物中蕴含最精微的生命理解。是为陶人。

能不礼敬有加？

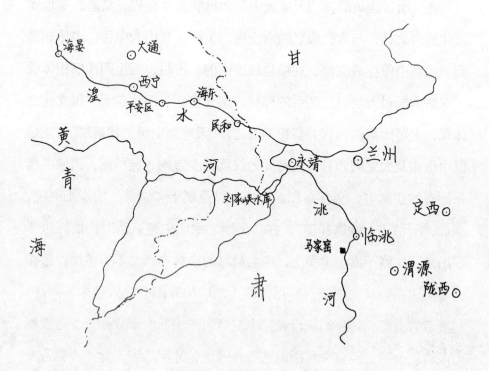

天地之中，共九州

　　眼前这一处遗址，名头很大，列为世界文化遗产，遗产名称为"天地之中历史建筑群"，位处河南登封。

　　这一组古建筑群以"天地之中"而折服当今世界，堂皇跻身世界文化遗产之林，与素负盛名的嵩山密切关联。嵩山为中岳。中岳庙是所有岳庙中保存最完整、规模也最宏阔的。古时，五岳四渎祭祀体现了农耕中国对人与自然关系的理解。则五岳庙与四渎庙于中国文化之体现，大可比肩同为官方祭祀的文庙。"天地之中历史建筑群"，正是以中岳庙及太室阙为首，尚有同为汉阙的少室阙、启母阙，因佛法西来而有的少林寺、会善寺和嵩岳寺，以及属于"儒教"的嵩阳书院。至此，所谓"一体儒释道"，在"天地之中历史建筑群"中恰好也体现出来了。到了嵩山地面上，声名赫赫的少林寺固然不可不访，岳庙之首的中岳庙又怎能错过？得为四大书院的嵩阳书院固然令人向往，趋近带着玄奥、神秘的启母阙探个究竟岂不快哉？于我而言，这些都可以暂且舍下，径直来到跟前这一处遗址，才可心安。此地今称告成镇，史称阳城。

跟前这一处遗址，比起"天地之中历史建筑群"里的庙、阙、寺、院，似乎和中岳嵩山关系不大。但是，它和"天地之中"的关联，却远非这一应庙、阙、寺、院所能及。它是台，观星台。

这是一座世界级的古观星台。遥想大漠雄风劲吹，欧亚大陆连横，造就了一个恢宏无比的大舞台。伟大的郭守敬，就着这一座大舞台，一通经天纬地。他用一条京杭运河，作画于万里江山；他凭一只四丈长表，度量那九重苍天。蒙元帝国无如昙花一现，郭守敬堪堪生当其时，得以倾其才情。在大元帝国辽阔得不可思议的版图上，郭守敬建观星台二十七座，南及今为海南岛的琼州，北达古称北海的今贝加尔湖。史称"四海测验"。这座观星台，是"四海测验"的中心，也是遗留于今人最完好的一座观星台。现在的遗存中，最触动人的，莫过于郭守敬远超前人而建四丈长表下之石圭，名为"量天尺"。实在大气派。量天尺前静静站立，竟是惊心动魄的感觉。郭守敬这一量，量出了以"敬授民时"为旨趣的《授时历》。在西方，两百多年后，哥白尼撰写《天体运行论》，开启实证科学之时代，惊天动地远甚于蒙古铁骑；三百年后，《格里高历》诞生，渐渐随全球化而"荣升"为全球纪年，所谓"公元"。今人盛赞《授时历》与《格里高历》极相吻合，为之自豪。可是，若非晚生《格里高历》验证了《授时历》之精确、巧密，郭守敬的这座观星台及其所蕴含的东方智慧与气概，多半人不了西人眼帘。这个世界，已是泰西定圭臬。

然而，观星台里，别有圭臬，另藏玄机。若言奥妙无穷，全不为过。

砖砌的观星台南向数十步处，有梯形石座，底边四尺，高约五尺，石座上立石碑，约高五尺。碑上勒五字：周公测景台。石座带了裂纹，石碑略为残损，字为绿色。悠远、深邃，沉静、安闲。此为唐开元年间"仿周公旧制"所建。"测景"即测影。唐人不知其后郭守敬来此量天，但知早先周公于此测影。周公测影，建土圭、立木表。唐人大概景仰前贤，以坚硬可久之石代替土圭、木表。据说，"代表"一词由此而来。未知确否。前后相隔两千多年，周公测影与郭守敬量天，旨趣大异。郭守敬为的是"敬授民时"，所及乃时间如何度量；周公则求"天中"，要旨在空间如何把握。古代中国，时间如何转为历法，确然是"政治问题"，关乎国泰民安，帝王不可不慎重。而周公之把握空间，更属政治观念上"都城于天地之中"使然。政权之正当、治理之有效，在在关联着"都城于天地之中"。

唐人之景仰，留给今人难解之惑。有人以为，周公建圭、立表处，即现在唐人所立"周公测景台"，并无差别。另以为，周公建圭、立表处，其实是与郭守敬的观星台完全重合，唐人是略略错开了立石基、石碑做"代表"。好在，今人可以忽略这毫厘之差，只当相距两千多年的默契，犹如针尖对上麦芒，唯有"中"字可以形容。

周公自西来，顺渭水、穿函谷，到颍河之阳；郭守敬向南下，履平原、越黄河，抵嵩山之阳。他们测影、观星之所，竟然合了水之阳与山之阳，定然别有玄机。暂且放下。郭守敬可归为"职业科学家"，更准确地说是个"治国型技术官僚"。他大概是用了比较实证的法子，选定这个"四海测验"之关键。二十七座观星台中的绝大部分，他指派官员观察、记录，只有七座由他亲自观测。西来的周公，身为"摄政王"，肩负一朝安危。他欲定"天地之中"，缘何到此？他应该无暇如郭守敬般顾及那么多的"测景台"。合理的猜测是，他来此测影，不是为寻找"天心地胆"何在，而是要验证"天心地胆"即此。那么，他凭什么预知于先而验证在后？也许，只能把这个问题归为天意、神谕了。早期政治，原本就是"巫王合一"的。"摄政王"周公，怀通神之能，知"天心地胆"所在，恭谨求证。此所以遗迹于后世，有"周公测景台"。也只此一台。

这一番揣度，非凿凿之言，不可作数。猜疑、否定，轻而易举。谨严之士，尽可认"周公测景"为臆造。故而，郭守敬的观星台可以身披殊荣，分属"世界文化遗产"，而"周公测景台"经不得西人圭臬之实证，与"天地之中历史建筑群"的名号无如咫尺天涯般。这结局，不免几分滑稽。剔出"周公测景台"的"天地之中历史建筑群"还能名副其实？而这结局，又似乎是注定的。问题不在如何看待"周公测景"，而在于如何理解"天地之中"。

"摄政王"与"科学家"默契相中的这一处，既为颍河之阳，又是嵩山之阳，原本是叫阳城的。恰当至极。与"周公测景"一样，这阳城，是大为可说却又说不清的。其可以前溯至夏代。"夏都阳城"原为史籍所载，无人知其所在。数十年来，有物证似可证明"夏都阳城"就在此嵩山之南、颍河之北。但是，又看来证据不足。因此，以严格的实证标准，"夏都阳城"尚不知其踪，不足为信史。然而，所谓往事如烟。历史大抵是半信半疑的。若因"半疑"而弃，既是极端，也再无历史可言。若以"半信"而谨慎信之，大概既免极端，也才对得起前人之创造与心血。这"夏都阳城"，且信上一信，又如何？汉代去夏不远，其建启母阙于嵩山之阳，大抵有些依凭的吧。说来，历史自有其两面性。一面，为客观的、确定的、可知的，连带着是与物化相关联的、可实证的。另一面，为主观的、模糊的、感知的，相应地是无关物化的。历史的这一面，是后人的心灵感受、情感体验，无如冷暖自知。弃置更不用说鄙夷这一面的历史，那就是把历史彻底对象化了，也就是把历史彻底物化了。记得钱穆先生言及中国文化，有"以历史为宗教"之谓。论中肯綮。若历史纯然物化，岂能有此神妙？

那个令华夏后裔千呼万唤而犹抱琵琶的夏，"都于阳城"，是否也含了"天地之中"的心思而有意为之，不得而知。周公摄政，求"天地之中"，却是成心要舍下渭水边的丰镐，恭建新都的。唯其如此，才堪称"中国"嘛。周公之后，虽然周代垂数百年，依然傍着渭水为都，终有"平王东迁"，于"测景台"左近新都洛邑。自此，多少朝代、无数君王，就着"测景台"，上下左右各都其都。中岳嵩山一带，成了中国都城最密集所在。

岐山鸣凤，周原出鼎。迄今所知，周鼎"何尊"上之四字，是"中国"最早出现的信实："宅兹中国。"自此，欧亚大陆东部，一方水土滋养一方生民，号为"中国"。其意何如，也许莫衷一是，更兼误解多多。

若是华夏一族，自诩"中央之国"，自矜"中心之地"，着实狭隘、自大。其屡遭蛮族入侵、近世落后挨打，且当自取其辱。可纵然"中国"所指为"中央之国"，处"中心之地"，也未必就要落个狭隘、自大之骂名。中央相较于四方，无四方则无中央；中心由周边所成，舍周边则失中心。如此，"中央"之自诩，"中心"之自矜，也许恰含了自我检点、自我约束之意，而使"万方"永为"万方"，"周边"自成"周边"。万方"来"则朝，周边"进"则贡。不来无妨，不进自便。"中央之国"，内敛不求扩张，自足不事豪夺。放眼当今战国体系，若列强也求内敛，不豪夺，与"四方""周边"相安无事，朝也好，贡也罢，皆为周瑜黄盖，何妨个个自诩"中央之国"。

所谓"中国",不是"中道之国""中庸之国""中正之国"？虽然未必事实上做到了行事中道、取舍中庸、待人中正,以此自期、自爱,而非自欺、自白,何其高远之生命取向？为达中道、中庸、中正之境,以身处"天地之中"鞭策、激励,何其谨严之生命态度？普天之下,人人知中道、中庸、中正,个个以"修己安人",何须基督负十字、佛祖拈花指？

所谓"天地之中",可无关具象之某处,指的是人昂然卓立于"天地之间",上承天命,下接地气。上天有好生之德,欲使万物生生不息,"天下"之人,受此"天命",既善待自身,也善待万物乃至山川。大地以慈悲为怀,供泥土、水流令生灵安身立命,"地上"之人,获此"地气",既滋养自身,也共活鱼虫禽兽、林木花草。"天地之中",人遂可称"顶天立地"。可是,科学当道,引人类越发"怀贪鄙之心、行自奋之智",人之于天地,已是弃天命、毁地气,殇天戕地。奈之何？

神秘的"周公测景",莫测的"天地之中"。

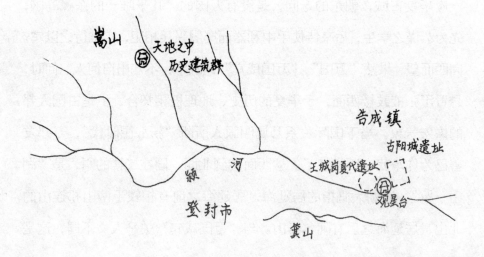

"万国咸宾"，华夏的风骚流韵

河西走廊中部的张掖，享祁连山的厚赐，有黑水河之滋养，古时就得了个"金张掖"的雅号。可要论到张掖的好，更贴切也更雅上几分的说法，自是"甘州"之称。想来，只有"甘州"才能道尽祁连、黑水的恩泽，方可显示大地慈爱其生民。

张掖老城区里，我是从西街这个方向见鼓楼第一眼的。走近了，先看到最上面的匾，"万国咸宾"，心想"妙极"。地理位置的缘故，一应华夏古城，朝东的方向，是没有万国的。几乎唯一的东瀛岛国，先为恭谨之学生，后来恃仗手中利器而屡屡兴兵相犯，实难待之以宾。向西而望，果然"万国"。"万国咸宾"这四字，不知出自何人、何时，悬置于张掖鼓楼西面，于华夏的历史、地理极相契合，更是古国大邦的恢宏气象。当下国际关系乃属明眼人所断"新战国时代"，万邦友善已为你争我夺所代替了。从西面转到北面，同在二楼的匾，是"湖山一览"。这湖大概指的居延海，居延海之前有相较于南山祁连山的北山，居延海之后有阿尔泰山。与"万国咸宾"关乎人文不同，这是取象自然。于是向东门走的时候，就很好奇了，这有心之人会在东面如何舞弄文墨呢？我的这点好奇心，是有来由的。远在重庆的朝天门，就是因为其东向朝着帝都，遂得名；近处同在河西走廊的金昌钟鼓楼，东面门额正是"金阙迎恩"。君主制下，张掖鼓楼的东面，是否也按同样的思维，来个诸如"皇恩浩荡"之类的？今人眼里那可煞风景了。这一番心思里，"九重在望"赫然入眼时，我着实叹服。"万国咸宾"述人文，"九重在望"表天文，这天文里又隐约含了人文。满心舒畅地向南面走去时，我便很期待接下来要领略的文辞了。即见，乃是"声教四达"。鼓自得有声。此声何韵？张掖西边的酒泉，鼓楼上东面的匾额是"声震华夷"，力道固然有，却全无意象。张掖东边的西安，鼓楼北边的匾额端的大气魄，"声闻于天"。我初见"声闻于天"四字，直愣愣了一会儿，才回过神来，如遭蓦然一声重击。华夏的心思里，人立于天地之间，轻而不贱、微而不卑，力赞天化地育而与天、地参。鼓楼之"声闻于天"，便是华夏这一缕心思在日常与具象中的阔达与抽象。这"声教四达"，比之"声闻于天"，少了空灵、玄远，它是行地的；较之"声震华夷"，多了温和、敦厚，它是入心的。

高悬于张掖鼓楼二楼的牌匾，东西向令"九重在望"与"万国咸宾"相呼应，南北方以"湖山一览"与"声教四达"为对仗。天文地理的"九重在望""湖山一览"是静的，人文化成的"万国咸宾""声教四达"是动的。意境、气势、襟怀、雅致，将这一座物象的鼓楼装点得熠熠生辉。

鼓楼在夺目的二楼牌匾之外，一楼处另置四匾，以为烘衬。我初见"万国咸宾"时，几乎并见其下的"玉关晓月"，倒是上下呼应。

因这玉门关、阳关乃是如今日海关的关，非关隘的关。易言之，其用在通与和，非阻与战。东面与之相对的，是"金城春雨"。金城后于河西四郡而设，滨黄河而立，不确当地与武威、张掖、酒泉、敦煌并为史上的"河西五郡"。金城今称兰州，已后来居上统领远为著名的河西诸郡了。两匾手笔不同，以金—玉、城—关、春—晓、雨—月相对，算得雅趣。南面的，是"祁连晴雪"，千古胜景。北边的，是"居延古牧"。这"居延古牧"不知出典于何处。我在鼓楼下略想了想，要是就着"金城春雨"将四方与四时合起来，是否更有趣些呢，"祁连夏雪""玉关秋月""居延冬阳"？城、关、山、湖，春、夏、秋、冬，雨雪是水、日月有光，物象的张掖鼓楼，能不当它是一幅融贯了天地四时、人文山水的画？

这画的补白也不妨说道说道。东门额勒"旭升"，是东方的意象，契合了"九重在望"。西门额勒"宾成"。特意近前看个究竟，发现石上并勒"乾隆岁次丙午"字样，四门皆然。另有资料以为西门额所勒为"宾晟"，声韵上与"旭升"相对，文义上未必更好。晟的本义乃日光达到最炽盛，于此实不合适；成者，完全、百分百，这才真正与"万国咸宾"相合。北为"镇远"，南为"迎薰"，音韵上对仗不说，似乎另有深意。汉时张掖郡统领北向入居延海的黑水东岸各烽塞，以阻匈奴飞骑，今人统称为"居延遗址"。"镇远"之意大抵在此。张掖之南为祁连山，再向南越过青藏高原而达南亚，那是佛法所在。佛法绕葱岭，再由西向东入华夏。河西走廊一直都是佛音先得、佛像众多之所。"迎薰"且作如是观。也算得"熏风南至"。南迎北镇，恰是农耕华夏的文化取向与行为方式？

这一处甘州张掖，金城春雨后，旭升，九重在望；祁连晴雪时，迎薰，声教四达；居延古牧中，镇远，湖山一览；玉关晓月里，宾成，万国咸宾。这图景，这意象，何止张掖，岂非华夏？

这样的华夏，却是铁血中来。

遥想霍去病少年豪迈、天纵奇才，辞帝君、出长安，"八千里路云和月"，以流星飞逝般的生命，北击、西破匈奴，以至当年游牧族群因失去河西哀伤而歌："亡我祁连山，使我六畜不蕃息；失我焉支山，使我嫁妇无颜色。"如今，张掖东南方向的焉支山，已作为国家森林公园，再不必为族群殊死争夺。霍去病伤逝，却是去了国家之病。这一颗流星，光芒永悬耀于天宇，为族群，为人类。

汉王朝的战略，所谋者大。河西设四郡，立玉门、阳关两关，将农耕文明向西北延伸，自此祁连雪更晴，黑河水益丰。这是以攻为守。顺黑河北向居延海，以千里烽燧、关隘阻挡游牧铁骑。这是以守代攻。农耕之基本取向为守成，族群争战的铁血中，也不脱这一基本逻辑。河西抵定，西域"凿空"，东西相通，"丝路"初成。自此，东方的华夏，向西与印度、伊朗、阿拉伯、东南欧洲相通连，葱岭不能隔，大漠有生机。这一番情景，诚然"万国咸宾"。而友善万邦，也正是农耕族群平和、安雅的气度。

向来以为，如今这个"全球化"的格局，始于公元 1500 年。这个时期，哥伦布大航海而将欧洲人的空间扩展，哥白尼作《天体运行论》而将实证思维延及天宇。到这几十年，全球化狂飙突进而尘埃落定，地表上再无空间与族群能自外于这个"世界体系"。这个"全球化叙事"，将泰西主导与科学主义这两个维度凸显，并以话语霸权强行植入全球体系中的每个族群、每个人。果其然乎？

"丝路"之成，今日以观，实乃人类第一次"全球化"。葱岭之东与葱岭之西，不同的族群交流各自种植的植物、驯养的动物，以各种器物交易，彼此教授各自的技术，互相欣赏艺术，更不用说南亚的佛法，西亚的科学，东亚的儒道之传布、融汇了。这是物通有无、货畅其流、文化交融。狭窄的河西走廊，是东往西来的全球化的集中体现。其初始之时，"耶诞"尚在约百年后。单就铁血与生死一面言，溃退的匈奴西行，或以激流之势，或以潜流之态，对中亚与欧洲的影响，至大至深，远及后世。河西也是关节所在。所谓"全球化"，何止于这五百年？其促成文明之演化，何赖泰西之所为？毋宁说，没有第一次全球化里火药、指南针、造纸术西传在先，儒道思想体系影响、开示欧洲贤哲在后，就断不会有今日所见欧帆远征、西学披靡。

两次全球化，自然大有区别。第一次全球化是陆上行走，以驼铃与绿洲为意象；第二次在海上，欧洲人以其冒险之勇、火中取栗之能纵横大洋。第一次是农耕族群肇其始，不同族群共其事；第二次乃是商业取向的族群单方面地将贸易与宗教加于原住族群。第一次是交流与互通的全球化，第二次则是掠夺与征服的全球化。第二次全球化，刚止住奴隶贸易的丑陋，又使军火交易愈演愈烈，显性与隐性的战争使和平渐渐远去。最紧要者，这一次全球化，既以矿物能源的猛火烈焰灼烧大地与生灵，又加剧族群间的存亡之争。已是改弦更张之时了。地表上的各个族群，非得另建"全球化叙事"不可。

要旨端在"万国咸宾"。

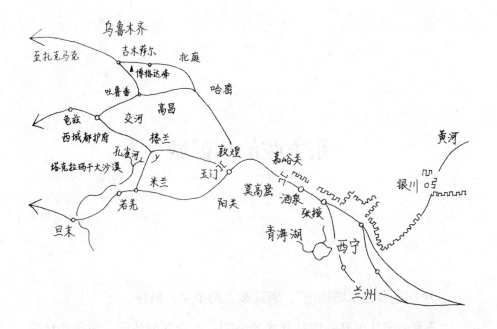

东方弦韵荡彭城

"中国胡琴艺术博物馆"，若能改上两个字，最好。

云龙公园几乎是一座敞开式的公园。东南角的位置，洁净的林荫道走过一段，右侧触手可及一座雕塑。这是一把意象化了的二胡，看去既像一个拼音符号，更像一个音符。我这音乐的外行看着，仿佛是从五线谱上跳下来的，舞动着。这动感，竟也如恭敬有加地迎宾般。二胡雕塑后面三五米处，是一道并不宽的门，门墙是白色的。东段的门墙上，嵌入石板，浅浮雕的九字楷书，"中国胡琴艺术博物馆"。这设计，弃了惯常的对称式，宁肯侧偏了来显示身份与主题。那一份淡泊、雅致，就这样呈现着。我不由得添了几分喜欢和敬意。

入门，迎面是一方照壁，体量并不大。照壁中间嵌了圆形的镂空雕，三个盛装的女子，三样乐器，笛子、琵琶、二胡。转过照壁，便见华彦钧的坐像，低头、侧脸，拉着二胡。身后的太湖石上刻了两字，琴源。阿炳坐像的西端是一个小庭院。院里刘天华长衫卓立，儒雅至极、气宇不凡。这个独立的小院，门额上是"琴渊"二字。想来，是当代琴家把他们二位当作 20 世纪二胡艺术的渊源了，以此表达对前贤的无尽景仰。环刘天华立像，分别有四个展室。第一展室"琴声悠扬"，用文字和实物描述胡琴的起源、演变、流传等。第二展室"枝繁叶茂"，汇集胡琴家族的各式成员，琳琅满目，蔚为大观。这个展室延伸出一个"别室"，称"名琴荟萃"。所陈列的八十九把胡琴，均来自有关人士为胡琴博物馆之建而馈赠。这无疑添了一馆之"博"。这些琴，或为琴家手操数十年，或为名家改制而成其独特与珍稀。第三展室为"盛世佳音"，介绍的是当代胡琴艺术教育状况，胡琴艺术在海内外的发展，重点则是举办了四届"徐州国际胡琴艺术节"。

出这个小院，在园林般的意境中走一小段，才到后续的展室。也许，胡琴艺术博物馆是唯一一座没有楼梯更不带电梯的博物馆。这让人很舒适、惬意。我更愿意称它"博物苑"，而不是博物馆。且慢。它也不适合称"博物苑"。它的布局中，进入第四展室之前，有一个胡琴交流中心，称为琴心。这很恰当。人与人的交流，尤其在以抽象与超越的艺术为媒介的时候，正是心的交流。胡琴艺术交流中心可以举办小型胡琴演奏会、胡琴艺术讲座、胡琴教学等活动。过了琴心，是胡琴艺术广场，称为琴韵。"广场"其实不大，却也应了"山不在高"的话。有六十二位胡琴演奏家、作曲家、教育家的青铜浮雕塑像。"广场四周翠竹摇曳，绿树掩映，白墙环绕。处天地清和，得大师灵感，闻弦歌雅韵，如置身胡琴艺术的圣殿。"从胡琴艺术广场，曲径通幽地走到名家手印区，称为琴语，作为第六展区。近百位当代琴家的手印于此展示。一段文字，刻于墙上："任何一门演奏艺术，都是演奏家用他们的双手完成的。李白的《听蜀僧浚弹琴》有诗句云：为我一挥手，如听万壑松。今天，活跃于当代舞台上的一大批优秀的胡琴演奏家，同样在用他们的手创造出一个更加丰满、多样、精绝、奇妙的音响世界。是这些天才之手，让我们聆听了无数的美妙琴音；是这些智慧的工具，让我们与无数伟大的作曲家、演奏家进行着心与心的交流。"这个"博物苑"，是有"人"的。而且，人在此中突出了，得到了应有的尊重、恭敬。它已不简单属于"博物"。我左思右想，只能用"博览"来代替博物，自顾自把它叫作"中国胡琴艺术博览苑"。

在琴韵和琴语这两个露天的区域中间，是第四展室琴坊，展示胡琴制作的材质、流程等，称妙手精工。只这个部分，最像博物馆。第五展室为"繁花似锦"，称为琴魂，辑录一众名家名曲。其所录藏，有生于20世纪80年代后期的琴家。这也使这座"胡琴艺术博览苑"与通常的博物馆不同，得以将源头处与当下生活相勾连，更显胡琴艺术的活与动。第七展室为"琴韵丹青"，称琴轩，悬挂前贤今人咏叹胡琴的书与画。最后的第八展室是"雅乐撷珍"，叫琴典，藏着与胡琴艺术相关的重要文献资料。此外，整座"博览苑"还附设了琴廊、琴亭和琴岛，以增雅趣。

这样一座"中国胡琴艺术博览苑"，又静默地坐落于一个不大的公园的一角，当得刘天华所书八字，"抱朴含真，陶然自乐"。这八字，还另有具象的表达。

"妙手精工"中介绍胡琴制作，其主要材料为木料和皮料。木料主要用于琴筒、琴杆、琴头等部位，皮料用于琴筒蒙皮。木料中，上品属高密度的红木，上上品为紫檀木，其他杂木制作的二胡多用于练习琴。二胡传统制作工艺中的皮料均为蟒皮，以色泽鲜艳分明、鳞纹均匀、光泽带有油性、厚薄适中者为上品。按这一通介绍，胡琴似是奢华、金贵。却不然。看回博览苑中各式各样的胡琴，人类文化创造的多样性与深刻内涵，在胡琴的枝繁叶茂中体现得很明显，引我无限遐思。藏族有牛角胡，用短牛角制作琴筒。将牛角凿空，用蛇皮绷紧。其琴音清脆悦耳、悠扬动听。牛角一端显得粗壮，向另一端渐渐收紧，微微上扬，曲线优美，视觉上更以为空灵、飘逸。在广西、湖南、云南的一些壮族地区，则流行一种马骨胡，琴筒用一块或多块马、骡的大腿骨拼粘而成。这马骨胡如今作为壮剧的主弦。广西的壮族另有葫芦胡，顾名思义是以原为食物的葫芦做胡琴的琴筒，已有两百多年历史。其形制独特，音色浑厚。贵州和云南的壮族也使用这一乐器。我看着，快愣住了。这是怎样的匠心独运？有一把竹提琴，"形制古老，多用于广东音乐和福建南音"。若干竹片拼粘成一个椭圆形的琴筒，一端有很考究的装饰。琴杆依然用的竹子，三分之二熏黑了，上面的三分之一留了原色。琴筒和琴杆的色彩，古朴、自然。琴头恰是竹头，并没有磨平、刨光，那些天然的突起都留着，极富雕塑感。这是怎样的巧夺天工？

　　我之前一直无法说清楚的一个问题，面对这些真正"妙手精工"的琴，我得了个清清楚楚。儒家的"赞化育"之生命理解，主张天地间轻微的人，汇力于"天有其时以化生万物，地有其材以养育万物"。这便是"赞"。当生民用最普通的、完全是日用常行中的竹子、葫芦来制作乐器，以表达生命中空灵、超越的那一面时，一举一动，已不再单纯是制作乐器，一拉一拨，也不只是演奏音乐。那十足是汇力于天化地育的生命壮举。这壮举，又那么细微；这汇力，又那么轻巧。

　　大概因为我不懂音乐、不懂二胡，有一天，在二胡演奏现场，脑里胡乱就闪过点念头。弦乐中，二胡只两弦，不能再少了。这么简约，是因为二胡表达成熟的心灵？因为表达成熟的心灵，所以全不避哀伤，甚至着意表达生命中本无可避的哀伤。在所有以哀伤为主题的器乐中，没有比《病中吟》更刻骨、更揪心的吧？这样一个刘天华，却又写着"抱朴含真，陶然自乐"。

　　这"中国胡琴艺术博览苑"，竟然在今称徐州的古彭城里。五省通衢的徐州，向来为兵争之地，也曾做过国都王城。在几千年的硝烟散去、不计其数的喊杀息下，这么雅致的博览苑立起，东方弦韵飘荡。乌骓马的蹄声、《大风歌》的雄霸，都消融、沉潜在其中了？

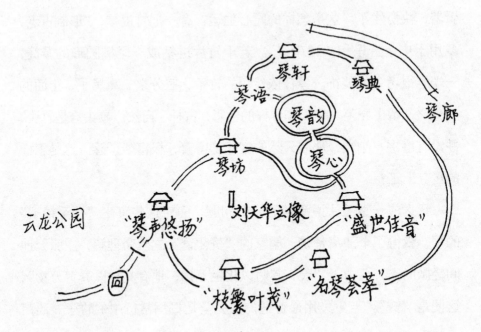

禅耕一味出黄梅

　　罗霄山脉北段的杨岐山，有一处"千丘田"。这是典型的江南梯田，却在不计其数的梯田里鲜为人知。"千丘"自是约数，夸张了来表示田垄之多。此地田垄多，乃是因地制宜开垦梯田，地势之限，造成田小垄多。可以想见，耕作并不容易，甚至连收获也不容易。

　　杨岐山里还有座普通寺。离开大道，曲里拐弯行车十几二十里，到了寺前。中唐始建的这座寺庙，现在很静寂，几乎连僧人都未见，更是简陋到破败，殿楼有如百衲僧衣。静寂、简陋的普通寺，说头可不小，实在不普通，与它现在的形貌、境遇全然不同。当年，在东北方向距此两百多里的宜丰黄檗寺，开悟了的义玄禅师辞别希运禅师，往北渡黄河、越滹沱河，于河北镇州创下临济宗。黄檗寺得尊为临济祖庭。临济宗后来又在长江之南、鄱阳之畔分派出杨岐与黄龙二脉，方会禅师正是在此普通寺创下杨岐派。

　　夏日里，寂静的普通寺很清凉。这份清凉足以留人止步，舍了前方。方会禅师画像前，择台阶坐下，满目青山。青山环出一个小小的盆地，形如天井。普通寺落在天井里地势略高处。凝神四望，便觉尘世的喧嚣、繁华都已隔开了，无如世外之所，不闻人烟。地势平坦的井底，俱是稻田，长势正好。寂静的世界里，也是素净的，青山、稻田、寺庙、访客。访客的心思里，幻出画面，但见僧人禅修之外，荷锄挥镰、插秧晒谷。方会禅师与一应僧众，一定是亦禅亦耕、禅耕一体，不待布施，自食其力。否则，这一刻，杨岐山下、普通寺前，怎会有这样的具象，在我眼里、心中？也不知道，相邻普通寺的千丘田，是否为僧众在经卷之外的禅修，于大地上抄写经书？

这一番具象，绝非杨岐山下最宜耕作，也非方会禅师独出心裁。禅宗谱系里，黄檗希运出百丈怀海门下。宜丰黄檗寺东北向百多里，是奉新百丈寺。百丈怀海定"天下清规"以整肃十方丛林，为禅宗史乃至汉传佛教史上的紧要人物。老禅师世寿高龄之际，不顾劝阻，依然坚持农作，身行力践"一日不做，一日不食"之戒律。百丈怀海的禅境里，修道的僧人，不必托钵化缘，更不可坐等布施。

百丈的禅境，源自黄梅。

从百丈寺继续向北，由庐山脚下过长江，即是今湖北省黄梅县。清幽迷人而享誉人间的一种戏曲，出自黄梅，称黄梅戏。今人大抵因此知晓长江北岸、大别山西南脚下的黄梅。这其实只是很晚近的事。初唐起，甚至早在南北朝时，大别山下的这一带，即已梵音阵阵、袈裟飘动。其中有一件袈衣，小和尚惠能携走，匆匆南去，最后在南岭中最东端的粤东北大庾岭下驻锡、传法，是为禅宗六祖。传惠能衣钵的五祖弘忍，从四祖道信得法后，于凤凰山建东山寺弘法，开"东山法门"。六祖惠能既于禅宗至关重要，本身的故事更是俗世之人眼里的传奇，自然也使他舂米、得法的这座"五祖寺"声名赫赫。我前去五祖寺，眼见人头攒动、车塞山路。比起来，我先去的四祖寺，要清冷了些。然而，四祖道信，大抵于禅宗的传承上要比五祖弘忍来得紧要。

西边相距东山寺四十里，有双峰山。道信自三祖僧璨受衣钵，亲建幽居寺于此。这是专属于禅宗的第一座庙宇。双峰山向东两百里，天柱山脚下，有三祖寺。一千四百年前，隋大业年间，僧璨于此圆寂。按僧璨行迹，很有神龙不见首尾之范。他圆寂，也特出。入寂前，僧璨说，"人贵坐终，叹为奇异；余今立化，生死自由"。乃手攀树枝，奄然而化。寺里半山上，存有"立化塔"，即是僧璨立化之处。这寺原叫山谷寺，建于僧璨灭寂前一百年。比起四祖寺、五祖寺来，三祖寺颇不够名副其实。还好，名号本就皮相。

道信开山立庙，广收信众，禅宗这才显出普度众生的悲悯。可阖寺之众，衣食之忧也随之而来。道信看似轻描淡写地别开了一道"法门"，开荒种田，自耕自食。佛门中自来于修行上法门多多，故而宗门林立，禅门中也有"顿、渐"之分。这一道农禅一体、禅耕一味的"法门"，才真正是佛门中的"不二法门"。若修道之人不稼不穑，端赖凡俗世界供养，方得以一心一意去诵经打坐，恰是受着尘世的牵扯。一旦自食其力，才真正是断了"尘缘"。尘世之贫富、政治的兴衰一应"身外之具象"，都不足以影响更不能左右僧人之修行。这一道"法门"里的禅机，最是"手把青秧插满田，低头便见眼中天。心地清净方成道，退步原来是向前"。

佛法西来，与原生的中国文化注定抵牾。虔诚的僧人需要大智慧、大慈悲才可以弥合两种文化的缝隙，消融两种文化的对峙。儒家即曾批评佛门不做而食、不织而衣。农禅之门一开，来自儒家的批评便落了空。而在政治一面，僧人自食其力，水边林下以最简约的饮食而供养神圣的信仰，也免去了与王朝争财分利之险。这一道凶险，每每带来佛门之"法难"。

修道之士，原本是要避弃乃至鄙弃世俗世界的具象与形下的，只将超越的、空灵的抽象与形上，做生命之皈依、神圣之所在。这一来，形下与形上、此岸与彼岸、凡俗与神圣，便不得不分异、对极，两不相容，势如水火。道信开出农禅不二之法门，不仅不鄙弃形下的劳作、世俗之具象，更是使形上落于形下，将神圣融入凡俗。形下与世俗遂不再是消极的、否定的，而具有了肯定的、积极的意义。非此即彼的二元对立，由此消解。是否可以将这看作佛法吸收"道在器上"的纯正中国式命题，不敢断言。至少，农禅一味与道在器上，是互通的。

农禅两端一旦贯通，延伸开来，日常的起立坐卧便也是修行之途，所谓"行亦禅，坐亦禅，语默动静体安然"。日常的起立坐卧既然也是修行，那么觉悟便可由"明心"而见性，进而"我心即佛"。儒家以"人皆可以为尧舜"显示其对于人性向善之至诚。"我心即佛"正与此互通音曲。

到了青原惟信，其生命体验的三境界，同样不脱禅耕一体的意趣。从"看山是山，看水是水"到"看山不是山，看水不是水"，这是鄙弃形下与具象；到得"看山还是山，看水还是水"，这已是不刻意避弃形下与具象之境了。此境之中，超越"看山不是山，看水不是水"的，恰是返回山与水。这是在返回中超越，向来路返回。这一超越，返回则不成迁就，更不成坠落；这一返回，超越便不致偏执，信仰便不致狂热。若说舍弃肉身而向天国超生是单向线性的生命理解，那么"向来路返回"则是循环式的生命理解。

双峰山下，我静静体悟四祖禅意。不知一千多年前，他荷锄下地，是否于这一应意趣了如指掌；也不知，我凡俗之思，有几分近了他的心意。想来，他这一锄头，锄去了二元对立的迷思，匡正了僧侣修行之积弊。入寂后，皇家敕谥"大医禅师"。君王竟有这等敏锐，或是得了冥冥中之喻示？

唐永徽二年，道信自入塔中，垂戒门人而寂。此塔称"慈云塔"。如今的四祖寺，所有楼殿俱为新建。唯高处的慈云塔，历千余年，栉风沐雨而不改。沿山坡拾级而上，但见慈云塔既不同于三祖僧璨的觉寂塔，也不同于临济义玄、赵州从谂的舍利塔，绝非高耸之塔。外面看来，塔只两层；进塔中，则无分层，一个穹顶直通塔顶。质朴、敦实，平淡、简约。慈云塔，确当如此。

此时已是晚秋。拜别慈云塔下山，遍地黄灿灿的稻子。这是大地馈赠、厚爱于生灵，美不胜收，更让人看着踏实、安然。

小说家说，在情感的世界里，"我若爱你"，便将自己降为尘埃。大医禅师的慈云塔喻示，在信仰的世界里，"我若虔敬"，必令自己不离尘土。

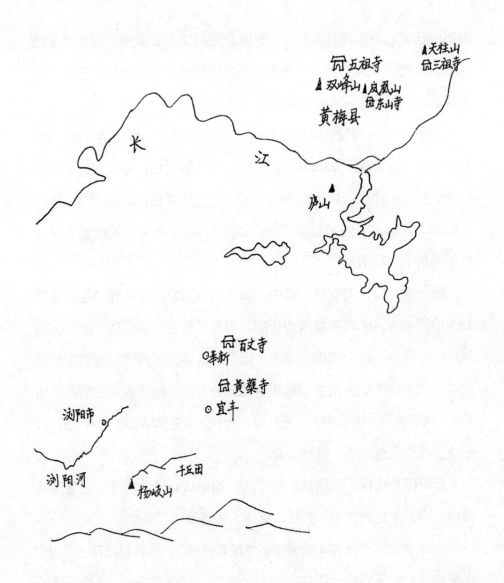

隆兴寺，美绝今世

正定古城里，隆兴寺已不再是一座佛寺了。我未皈依的凡心中，隆兴寺更不只是一座佛寺，无论过去与现在。

和广惠寺、临济寺、开元寺、天宁寺不同，隆兴寺没有一座可以说道的塔。它该是自始就没有塔的。少了这一样西来的建筑形制，似乎是从具象上显示，隆兴寺要比别的佛寺多些本土的气息。最能显示隆兴寺的本土气息的，是它在南北向大纵深上的中轴线对称铺展，气势恢宏，起伏错落，震慑人心而又引人入胜。在眼见的空间的起伏错落之外，分明还有时间的起承转合造成不可见的起伏错落，既让人恍然在时空两轴上得以随性穿梭，又像是受无形之力的牵引而在时空两轴上跌跌撞撞。如此的丰富、饱满，诱我隔日专门用更充裕的时间，再去一趟隆兴寺。几日盘桓，这才心满意足。

先从天王殿说起。严格说来，隆兴寺在天王殿之前，尚有两样建造。最南端的，是一座高大的琉璃照壁，壁心饰以砖雕二龙戏珠。整座照壁绿色调，说它与寺中其他建筑风格上高度契合，莫如说布局上在先的琉璃照壁引领着隆兴寺的全部气象，浓荫密布中的肃穆庄严、静谧安闲。向北距照壁约十米，单孔石桥，三路。桥下该有的水，现在只能遥想了。桥的北侧，我发现脚下的石板上有四个圆状的浅凹槽。猜测起来，这一处，原该是有木质寺门的，某一日乘鹤西去了，只剩我眼尖得见的遗迹。且将照壁、石桥、木门，做隆兴寺里众佛的仪仗好了。这么铺陈之后，才是天王殿和弥勒佛登场。

天王殿正中拱形大门上嵌有康熙皇帝手书的"敕建隆兴寺"。不过，隆兴寺之建，远在这满族皇帝之前千多年。暂且按下这个话题。天王殿面阔五间、进深两间，单檐歇山顶、七檩中柱式，古朴雄浑，宋代风韵浓郁。"它宛如一位精神矍铄的老者，身材匀称，臂膀坚实。它的屋顶并不高耸，那坡度形成平缓而优雅的曲线。曲线的尽端是宽广深邃的出檐，庇护檐下裸露的木质结构，在朱砂的红墙上端，形成一道略显神秘的阴影。"藏在这一道阴影中的，恰是这座天王殿"最有韵味的结构"即斗拱。这一处斗拱，其为"凝固的音乐"，今人眼里，竟是相隔几百年的由宋而清的联奏。宋代斗拱"硕大稀疏而又朴实无琢"，清代修补时安插的斗拱小尺寸，满布祥云雕饰。二者对比鲜明，却也相得益彰。前人与后人如此大跨度的珠联璧合，造就了隆兴寺一缕独特风采。

过天王殿向北，凸起一处遗址。遗址原为大觉六师殿，始建距今约一千年，历金、元、清之重修，于约百年前的民国初年失修塌圮。据《隆兴寺志》，此殿的佛坛上原供七尊佛像，正中的释迦牟尼佛之外，两边分别为毗波佛、尸弃佛、毗舍婆佛、拘楼孙佛、拘那舍佛和迦叶佛，其在佛教中合称"过去七佛"。此殿因而又称"七佛殿"。佛祖之外的六位，是佛祖的六位先师。台基上还可见到西北和东北两向，各有三处紧连的六边形砖砌基座。大概就是六位先师立像或坐像处了。只是，见不到"真相"了。汉地佛寺中，大觉六师殿即便不是仅见的，也一定是极少见的。故而，这大纵深中轴线上的本土气息固然浓郁，佛法西来的意象，这一殿，便昭昭然也。按大觉六师殿紧随天王殿而立，它该是隆兴寺的主殿。拿它形制上面阔七间、进深五间、重檐歇山顶，比之于天王殿，也能表明它是隆兴寺的主殿。却竟然在百年前毁于一旦。我跃上大觉六师殿的台基，顿然有居高临下之感。可以想象当初这座佛殿的气势，大概能拟制出几分灵山之势。台基上慢慢走着，没有了梁、柱、墙、顶，更没有了佛像，却不觉得空无，眼里依稀佛祖拈花一指，入耳仿佛六师梵音阵阵。这就是遗址，佛祖遗指，六师遗旨。它不是废墟。

跳下大觉六师殿向北行去，来到摩尼殿。要说汉传佛寺里大觉六师殿极为稀罕，这一座摩尼殿也是一样稀罕，甚至更为稀罕。今日辽宁有辽代所立皇家寺庙奉国寺续存，与大觉六师殿建造于同时期。奉国寺的主殿为七佛殿，供的也是"过去七佛"，不过释迦牟尼佛像并不居中，而在侧边第七的位置上，殿名也不显示佛祖的"六位先师"。稀罕的六师殿以空无存世，稀罕的摩尼殿借实有把那大气象横亘在视野里。

佛教中，摩尼为宝、珠、如意诸项总称。摩尼殿之名，可见于佛经。离正定约百里的赵州城里，有柏林寺。这是世寿百二十而有"赵州古佛"之称的唐代从谂禅师驻锡之所。据悉，柏林寺原有一座摩尼殿，几十年前硬生生为人拆除。当代重起香火之前，柏林寺就只剩下从谂禅师舍利塔孤立。隆兴寺的这一座摩尼殿，在中国已成孤绝；它的形制、内涵，更当得起风华绝代。摩尼殿所奉佛祖金装彩塑坐像，以及迦叶与阿难立像，为宋代所塑。明朝补了文殊、普贤二菩萨坐像。虽说佛祖"庄严凝重、睿智脱俗"，迦叶"老成持重"，阿难"聪慧虔诚"，"显示了宋代匠师的高超技艺"，但是，摩尼殿在信仰上之虔诚与艺术上之迷人，却另行彰显。在释迦牟尼佛后壁，有同为明朝重塑的"五彩悬塑倒坐观音"。倒坐观音，也称背坐观音，是指观音背着正殿，表示"不度尽众生，永不回头"的大慈悲。这一壁泥塑五彩悬山"俨然是一个极乐世界。在一大片彩色悬雕上，模拟了大海及海中的普陀仙山，修行的凡人与仙人、各式鸟兽罗列其间，山中静修的罗汉和威武的天神各具风姿。山石突兀起伏，祥云缭绕其间，碧波粼粼，泉水喷涌"。观音居中而坐，造型独特。"头微右侧，身稍前倾"；左足轻踏莲花，右脚屈膝搭在左腿；左手斜肘搭于右脚，右手绕膝轻抚左手腕处。观音的冠饰衣佩，飘逸灵动，斑斓绚丽。这一个"面容秀丽恬静、姿态优雅闲适"的观音，到了现代，便博得"东方美神"的盛誉。若拿这一位观音，与声名盛著的吴哥遗迹中的一尊佛像"高棉微笑"比，自是各领风骚。"东方美神"之誉，无虚。世人大概以这个观音为"女性风姿"。我看着，却以为这一尊观音与那些完全女性化的观音大不同，是尘世之人将男性与女性混合了来塑造的，于是雄健、刚劲融入温婉、柔美中，却又圆润地透出来。若是在观音跟前，抬眼与之对望，那眼神轻轻地就看到你心底了，清清的，让你心生惭愧，或问心无愧。稍微退退步，便互相错开了眼神，不再对望，菩萨像是自顾自看身前的方寸，而你，依然不由得不扪心自问。果真佛法无边。

摩尼殿的佛法无边，在这立体的佛祖与观音之外，另以平面形态再显其广大。东、西、南、北四向墙壁上，有精美而画工极为高超的壁画，分别绘着二十四尊天、西方胜境、释迦说法图等。说是摩尼殿的壁画，堪比敦煌壁画而不让。于是，在这千年摩尼殿，你若是信徒，你便在佛的世界里，置身无边佛法中；你若是凡人，你便在美的堂奥里，沉湎于造型、线条、色彩、光亮所生意象中。你还迈得步离开？

还非得迈步离开不可，好从外面领略摩尼殿是如何独立存世的。摩尼殿面阔七间，这不算稀奇；它进深也是七间，这大概算很稀奇了。摩尼殿建造的宋代，礼制上的讲究已经很严格了。殿阔七间，非得"敕建"不可，何况深达七间。少有人留意，从大觉六师殿到摩尼殿，连接的，竟是一道丹陛桥。端的气派。不过，如果阔七间、深七间的摩尼殿，造成个方盒子般的建筑，既无趣，也称不上丹陛桥的气派了。摩尼殿单就建筑而论，之所以足够精彩绝伦，首在其形制。平面上，这是座布局奇特的十字形建筑，因其四面正中各出山花向前的歇山式"抱厦"，每面就有了对称性的前凸。再加重檐九脊歇山顶，大出檐，覆以绿色琉璃瓦，"雄伟壮观，又不失矫健优美。殿脊、飞檐曲线如波，自然流畅；四角微翘，如鸟振翅欲飞"。梁思成更是感叹，"那种画意的潇洒，古劲的庄严，的确令人起一种不可言喻的感觉。尤其是立体布局的观点上，这摩尼殿重叠雄伟，可以算是艺臻极品，在中国建筑物里也是别开生面"。

佛法无边，佛相万千，世上这般佛殿，只此一间。

无疑，隆兴寺到了摩尼殿，达于高潮。但是，这还只是前部高潮。

隆兴寺后部的高潮，在大悲阁。摩尼殿以平面铺展成就其壮阔，大悲阁则是向上高耸而显巍峨。大悲阁耸立，足呈指向天宇之高远。没有塔的隆兴寺，也许真不需要一座塔。

在这两个高潮之间，则有小小的过渡，依然不失精彩。摩尼殿之后，立着木牌坊，虽体量不大，那大出檐却也自成雍容。这座牌楼门既像是专门为了将隆兴寺前后相别，又像是将隆兴寺前后衔接。隔断与连贯，黏合于一处，相反相成。"过门"之后，戒坛入眼。乍见之下，便觉森然之气扑面而来，不由自主地屏了息，再凝神去感受那一份肃穆。在摩尼殿与大悲阁的映衬下，这戒坛很显精巧，有如一尊佛像。戒坛清代所建，所奉双面铜佛像为明朝铸造。佛像二身相连，南向的为阿弥陀佛，北向的为药师佛。戒坛采亭台式，四面各砌石台阶，虽不过几级，却甚陡。踏步而上，实在如身入神秘、威仪之境。这座戒坛，当得匠心独运，遂能在摩尼殿与大悲阁的大气势下也不显无足轻重。

大悲阁全然不同于戒坛的神秘、威仪，它以美雅让人安怡，其妙相庄严又令人无限景仰。汉传佛教中，供奉千手千眼观音的所在，大都叫大悲殿，取自"大慈大悲"，寓意予乐、拔苦而悲悯苍生。这一座大悲阁为五檐三层，高达十丈，东、西侧分别连着集庆阁、御书楼，合起来而呈"崇峻宏伟"之状。略远处看，大悲阁、集庆阁、御书楼，确有仙山楼宇之气韵。若说大悲阁是隆兴寺之脊，却不够。它该是正定之脊。

大悲阁里的观音立像，由宋太祖敕建，已逾千年。这是现存最大的铜质立佛像，高达二十一米。"比例适度，衣纹流畅，宽颐大耳，庄严肃穆。"一应凡人，如今已无法沿梯而上，以感受那妙相庄严，只得立于地面，仰望菩萨，看她"眼目低垂，观照世间"。目光收回，落到菩萨脚下，也是一派美轮美奂。观音菩萨立脚处是高度超过两米的仰莲座，一样的铜质，是佛像分段铸造时最早铸成的。铜质仰莲座安在一个庞大的石质须弥座上。须弥座四面密布精美浮雕。有雄健的力士，赤膊袒胸、肌肉凸起，或呈不堪重负之痛苦，或显泰山压顶一肩扛之写意。有操乐之伎，手执笛、笙、箜篌、琵琶诸器，千姿百态。凝视之，几乎可闻乐音出自石上。更有潇洒自如的飞天，轻盈曼妙，飘荡于云气之中。我很意外地发现，这里的飞天，也长着具象的翅膀。原以为，中国文化中，飞天是以飘带与身姿抽象地隐喻的，不似西方的天使靠具象翅膀以表现。惊喜，惊喜。这须弥座的立面，迷人至极。恰与其上佛像铸造工艺之精湛无比相得益彰。

拿浓彩重墨来说隆兴寺，绝无夸张。这尤其着落在大悲阁所在的这一片。大悲阁前，其东南方位，立有慈氏阁，所供为弥勒菩萨。宋人以独木雕刻而成高过七米的弥勒立像。而慈氏阁的构造，也使它成为现存宋代建筑中仅有的一例。大悲阁前的西南方位，与慈氏阁对称，为转轮藏阁。两阁外观无异，极显对称；论到珍稀，大概转轮藏阁要略胜。转轮藏阁里，正中安置的是转轮藏，八米直径，木质。这是可以转动的藏经橱。信徒推动旋转，即如诵读经文。藏传佛教中转经是极常见的，汉传佛教的寺院里，我仅见于此。这倒有些奇怪。据说，转轮藏是南北朝居士傅大士以悲悯之心创造的。光阴流逝中，大士的这一番心愿，竟少见其物象遗存。但愿是我孤陋。这座转轮藏精密、轻巧，极需要匠师的聪慧。梁思成因转轮藏阁"高兴到发狂"，以为是"木构建筑之杰作""罕有之珍品"。

大悲阁与慈氏阁之间，有一块石碑，乃自隋朝传来。隋碑现存三板，此其一，名为"龙藏寺碑"。此碑勒于隋开皇年间的 586 年，所记为龙藏寺之建造。"其碑文书法，上承六朝碑石余韵，下开唐楷先风，对研究南北朝至隋唐书法艺术发展和字体演变具有重要价值。"风云变幻、沧桑跌宕中，龙藏寺正是今日隆兴寺开基之寺。而宋铸铜质观音，唐时原为泥塑，毁于后周。宋之大悲阁，历千年风霜，也曾毁坏，代代续修，今日有此面貌。这便是历史。承沿，革新；断绝，再造。后人或扼腕叹息，或赞叹不已；或徒唤无奈，或勉力为续。无论如何，都算是精神之绵延、生命之阔宽。

大悲阁向北，后人正续造着隆兴寺。先是须弥殿，建于明正德年间，整五百年了。过须弥殿，是这中轴线上压轴的毗卢殿。1959年，从正定城里的崇因寺移来毗卢殿。此殿原建于明万历年间。所供毗卢佛，"设计精巧，造型独特。全身分三层，每层具有四尊毗卢佛，分别面向四方，结跏趺坐于莲台上。三层莲座的一千个莲瓣上都铸有一尊小佛像"。诚为罕见而珍贵的佛像艺术品。谁说隆兴寺不是集佛教造像之大成？铜的、木的、泥的，铸的、雕的、塑的、画的，单座的、双面的，单层的、叠层的，空无的虚像与实有的具象。

怎不是目不暇接？

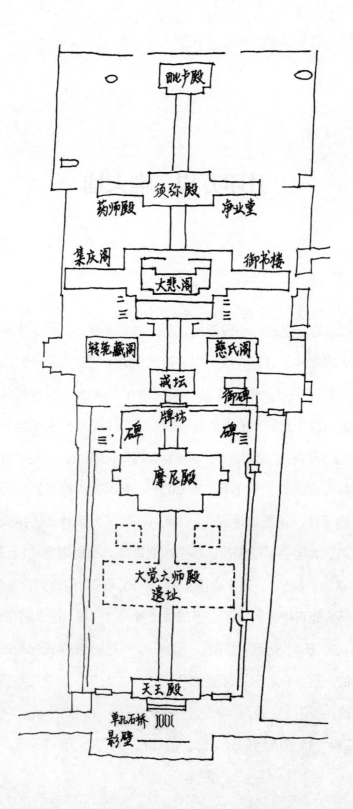

月印万川，唯大埔

　　主人领着，走过一小段老街，到一个丫字路口，停了下来。我很自然地略略左转了身，一幢大房子赫然入眼。它高得我一时间看不到天。正面并不平直，像是微呈一大钝角在丫字路口临着两条街，当街而立，气派十足；视觉上又似弧非弧，平添了几分我不容易说清的雅趣。大门有联："旋归故里，庐结河滨。"门额上，正是"旋庐"二字，落款是国民党元老邹鲁。对 20 世纪中国政治颇多影响而声名一时显赫的邹鲁，正是本地人氏。"旋庐"却不是邹鲁的。主人是邹鲁的堂兄弟、同盟会早期会员、马来西亚富商。难怪堪称"旋归故里"。1930 年建的"旋庐"，原本也确实是"庐结河滨"的。到我来的时候，视野里已不能直接见到河了。近前横亘着一道河堤，把水隔在外边了。主人向我介绍，"旋庐"楼前，原为码头。这一带很长的一段，本都是码头的。这变化，只在短短的几十年间。人与水、文化与自然的关系，在这儿折射着。

　　"旋庐"特意依傍的，是汀江。汀江的上游，千百年里，缓缓流出了一个汀州府，乃是重要的客家祖地。据说，汀州地面上，汀州与赣州交界的村子石壁，立有客家祖祠。汀州地面上的小村子四堡，明清时竟与北京、杭州、扬州并列为四大雕版印刷中心。在扬州建起中国雕版印刷博物馆之前，四堡那座显然简陋的中国雕版印刷博物馆居然是这个文明五千年的泱泱国度唯一的。四堡书，沿汀江走过汀州府城墙下，走到这一处山地，走向也在山里的嘉应府，也走向濒海的潮州府，甚至可由此远抵南洋。汀江不仅流出了一个几百年里日渐繁华的商埠茶阳，也带给茶阳文墨飘香。离"旋庐"大约一里地的大浦中学，已有一百一十年历史了，比今日中国绝大多数大学的年龄都要大上许多。她的校友中，有六个身列院士。这显赫，非"旋庐"所能比了。大浦中学校门前，明代即立有"父子进士"牌坊，属国家重点文物。高古的石牌坊，背面勒"丝纶美世"四字。在浦中校门口两棵邹鲁所植百年木棉的映衬下，端的风采依旧又风雅别致。

闽山苍苍，闽水汤汤。独这汀江，去了西南，流入南海。在客家山地里，汀江一路诞下许多如茶阳这样的儿女。可她一路行走，一波三折；带给茶阳的，似乎也是一波三折。在茶阳，汀江纳漳溪河、太宁溪于怀抱，更显丰腴、饱满。这样美的意境，于茶阳，却又如好花不常开。雨季汛期，地势的缘故，河道再无法容下汀江的丰腴、饱满，江水滞涨，淹及街巷。茶阳人显然适应了这样的山川形势，用了独有的生存智慧与天地和合。不光"旋庐"是骑楼式的，这一片的七八条街都是骑楼式的。这些骑楼，却和从福建的泉州、漳州到广东的潮州、广州及海口的骑楼大不同。一者，茶阳骑楼的历史，说是可以上溯到明朝，远早于那些海边的骑楼。二者，那些海边的骑楼，只图避雨遮阳，不为防洪。茶阳的骑楼，地面的一层非常高，有的高达六米。避水的用意昭昭然。这些柱子，方圆搭衬，有圆柱方础的，有方柱圆础的。即便不细究，也还是隐约间觉得不单调、呆板。五六米高的柱子，沿街齐整地立着。看去，恍然身临来自巨人国的骑兵阵前，高头大马威武森严。这气象，偏僻古镇茶阳独一份。广西东部的梧州，桂江与浔江汇于此，"水都"之名远播，也用骑楼来避洪水，却远没有茶阳骑楼之高大威猛。这"明朝的骑楼"，已是非常勾起人的好奇心，及至眼见，更觉不虚，实因了这"巨人国骑兵"般的气派。

我眼中之"军阵"肃立，却幻作水滔滔、水漫漫。茶阳得了水利，因水而生、因水而兴、因水而盛。隋代置县，取名"万川"，真是名副其实。后来才改名大埔。明中叶起的近五百年里，大埔县治即在茶阳。这一片骑楼街，历史上商铺林立、商旅不绝。水之于茶阳，又把中国式的辩证法淋漓尽显。水之利，其另一面，却是水为患。人取其利，则近其患。利不可不取，患遂不得不受。这受，也全然不是消极、被动、悲观的。跟前的茶阳骑楼，即是一地生民顺势应患之作；远处的"水都"梧州，也是。水进则人退，水退而人安。人、水之间，进、退有替。自然之节奏，延伸为生命的节奏。诚所谓"一方水土养一方人"，亦所谓"天人合一"。人又常常寻思彻底绝去水患，乃筑坝截水。患或可避，利也无所取。人力何必胜天？何能胜天？

汀江过了茶阳，便自北向南施施然而行。那个大地清朗的月夜，我第三次去大埔，从火车上注目汀江。皓皓圆月在天，静谧清流行地。水月一色，浑然一体。不多久，同样在福建客家土楼间蜿蜒穿流的梅潭河，像是自东边往寻她的姐妹了。这姐妹俩方始相拥，都未及相互端详，西方的梅江，恰是不早不晚地奔来同拥共抱，自此再无你我更不分离。梅江流在今称梅州的古嘉应府，客家情怀一样浓浓郁郁的。我于此悟过来，所谓"不约而同"，最是山川的韵律，岂止人世之巧合？这词之来由，一定是合了古人与"仰观俯察、近取诸身"并行的"远取诸物"的。大地的这一处具象，才真真生动的"不约而同"。这一刻起，汀江、梅江、梅潭河，无如各自的前世；韩江则是她们的今生。到了与南海将合未合之际，韩江用她更充盈的乳汁，养育了南海潮头卓立的潮州。这已是后话了。

汀江、梅江、梅潭河于此绝其"前世"，启其"今生"，人声遂与之应和。韩江起处，扼三江之流，开韩江之源，既是山川形胜，更是地当要冲。于是，千百年来，筑城、设关、开埠、行商。这一处今日的古城，已经变得落寞了，足够供人怀古、幽思，先前的旌旗猎猎、商贾匆匆、居者阔达、家道兴盛，还未尽化为历史烟云。其名为三河。三江当前，可不得这么叫的吗？若非地面上众川携流，如何能催生出这样一个水汽氤氲的地名来？

我第一次专程从梅州市区驾车前来大埔，后半程就是沿韩江西岸行驶的。那时，这条修建有时的公路，已和周遭环境极为协调了。路林几乎把公路塑成隧道，视觉上非常清爽，让人全然不觉是在路上、在行走，倒像是坐看风起云动，静思风轻云淡。车外韩江青碧舞玉带，对岸群山绵延走天涯。除了借来很老套的词，再说不出别的。江山如画。这画，又不浓彩重抹，只是写意的。它绝不冲击人的视觉，惹人屏气、惊艳。它只是让人舒畅、怡然。待返回福建后，我才越发回味韩江西岸的这一路江山，虽不致无意中把魂丢进韩江了，却是屡屡神回画中。

我就是这么放不下韩江源头上大埔地界里的这几十里江段。到了领着耄耋之年的父母从潮州走梅州时，我有意放弃了稳妥行车的高速，宁肯翻凤凰山，由南线进大埔，再顺一段韩江入梅州。这使得我天意般地二度造访僻处闽粤交界的这一处客家山地，带着三分欢喜。我何尝单为了带父母领略这画中江山，分明也为了自己旧地重临，再一次融入这立体而流动的画卷里。而令我无比意外的是，在大埔境内的枫朗、百候一带，乡野气象、山川清秀扑面而来，仲秋时节的安闲、淡然把我裹着，像是要把人也熏出安闲、淡然来，以体验生命的真切与本质。当时就想，我多生出一丁点儿孝心，上天就假大埔的山川来奖赏我。这万川之地，真不亏待我。

在大埔县城，热情的主人相当自豪地说及，大埔的森林覆盖率高达百分之七十七。这实在有如天文数字般。果真是山环水绕、山水相依，万川并行、万年不息，遂有山地上林木茂盛、花草摇曳，养育着生民祥和、俊杰。

大埔之迷人，引得流行起了"客家的香格里拉"之说法。这却是委屈了大埔。大埔就是大埔，不必参照以他处。她若是美的，何关"香格里拉"。她自远古而来，自成一番意境。

固然有一种美景，叫香格里拉，却有一种意境，是月印万川。

崇阳溪下说建州

这座古城，一样地临水而筑。

我见到的第一个城门，正是叫"通济门"，门外几十米处就是不绝江流。很容易想象，农耕时代，通济门前即是繁忙的码头，舟楫来往、客货两通。到这千帆过尽的时代，今人可知，通的哪样货物、来了哪般人物？又是从哪儿来、通哪儿去？

从通济门沿岸上行，里许，立着临江门。临江遂而通济，通济只唯临江。当年城里某一任建宁府知府题写城门门额上的"通济门""临江门"时，笔端流淌的该是满城生民临水而居、得水之利的舒坦与畅快吧？自然，红尘滚滚中，也不会只是闲适、惬意。临江门往上，另有离江岸较远的城门，名为"威武"。冷兵器时代，筑城本就是为了武卫，城门不能不展示肌肉的力量。而人类之所以在动辄兵戈相向时还可以自诩"文明"，不是因为总有歇下刀枪的时候，而是因为哪怕杀戮盈野，人类的精神世界中也固有一份德行，以符号行为来谴责、拒斥舞刀弄枪的物化行为，为人类守护生命的伦理、精神的尊严。农耕的华夏，一应府、县皆有作为官方祭祀的文庙，恭奉"德侔天地"的万世师表孔夫子，即含了这样的文化意趣。建宁府旧治里也便留下了一座浓郁的宋代风格的孔庙。从通济门往另一个方向的城门，恰是"广德门"。这建宁府的城门，说来就堪可玩味了。临江、通济，记录的是一座城池的日用常行；威武、广德，展示的是人类生活的两个面相。等我见到第五座城门，更觉有趣得很了。正南向的这座城门，明显高大、壮阔，气象森然，与此城历来为州、府治所的地位相称。今人似也独垂青这座城门，着力修葺，并复建城楼太保楼。"通仙门"把生活世界中的日用常行、善恶交战留给另外四座城门，自顾自表达着生命的企盼、精神之高远。城门如此取名，这怕是独一处吧？

通仙门下，松溪"不舍昼夜"，从传说欧冶子铸剑的湛庐山流来。两千多年前的风箱作响、铁砧铿亮，大概早已不再融涵在松溪的流水潺潺、波光粼粼中了。数百年来，松溪上游的生民，自有一样生计，栽制木耳、香菇，大快了八方饕餮之朵颐。水运盛行的农耕时代，松溪的木耳、香菇，猜想起来就是顺了通仙门下的流水，从山里到府城，再下行由闽江到省城福州。

松溪走过通仙门、广德门前，便汇入建溪。此时的建溪，百里之上将崇阳溪和南浦溪并纳后，也刚刚从通济门下过来。建溪与松溪相汇，正成个丫形。一千八百年前，东汉于此两溪汇合处设县，以年号建安为县名，乃闽地最早的五县之一。到了唐代，升此地为建州，辖整个闽北。八闽之地称"福建"，取自福州、建州。九百年前的宋代，改建州为建宁府。百年前的民国初期，并建安、瓯宁两县为建瓯县，今建瓯市。

通济门前，谁顺建溪而来？临江门外，谁溯建溪上行？

猜想，宋儒朱熹来过了。十四岁前，朱熹在闽江的另一支流尤溪之畔；而后奉父命移居武夷山下五夫镇，历青年到中年。到他学说有成、声名远播的盛年，他该是就着武夷山下的崇阳溪入建溪，授徒、著述于建溪畔的建瓯、建阳诸地。华夏思想在宋代的再造，东南一隅的闽北山地里的崇阳溪—建溪，堪为一支主流。朱子并兴建考亭书院、幔亭山房等于崇阳之畔、建溪之旁，"学在民间"的学统乃至道统遂能发扬光大。说来，这一条水路，实乃"朱子之道"，大可比于泗水为"孔孟之道"。

猜想，宋慈行过。宋慈以《洗冤集录》为人类做出了卓越贡献，竟至于后学西人尊奉其为法医学之祖。从正义的角度来看，在采行神明裁判以断定案件之真伪、是非时，人类的正义可称为"超验正义"。华夏文明自西周始，即以非常理性的"五听狱讼"来审查证据，以求一般所谓"客观"，此可谓"实证正义"。启蒙之后泰西的法治、宪政，即属实证正义。宋慈著《洗冤集录》，是以近于实证科学的断案方式来实现实证正义。与朱熹"立言"的思想创造不同，这位宋代司法官员的作为，是事功性的"立功"。

猜想，词家柳永不曾走过建溪，他是北去的。但是九曲溪的婉约、崇阳溪的清澈，一定浸润了少年柳永的心田。他无奈"奉旨填词"而落拓不羁时，满身散发的正是源自闽北山地的乡野之气。

猜想，那个叫马可·波罗的西洋人并不曾行经建溪。我非常意外地在通仙门外见到标为"世界著名旅行家马可·波罗"的全身塑像，勒刻的文字说明马可·波罗在1292年到过建宁府，逗留三天。马可·波罗到过闽北建宁府？须知，马可·波罗其人、其事、其书，已颇遭明眼人质疑。真有其人？果有其事？所书可信？塑像底座另一侧文字是"《马可·波罗游记》关于建宁府的描述"约三百字。按所录文字，"这里盛产生丝，并且织成不同种类的绸缎"。闽北山地竟然宜于桑蚕？"棉布是由五颜六色的棉纱织成的。"元代的闽北就能够种植彩棉？"这地方有一种家鸡，它们没有羽，浑身披着黑毛，很像猫皮。"天下之大，无奇不有！还好马可·波罗讲了实话，"我没有亲眼看过"。这很像后来叫李汝珍的明朝人在小说《镜花缘》里讲了些故事。可李汝珍摆明了是讲故事，没说是写游记。建宁府可引以为豪的，单在有宋一代，既有其作为雕版印刷中心所出之"建本"，还有其作为皇家贡茶的北苑御茶，复有随茶饮而来的巧夺天工、光彩夺目的建盏。马可·波罗居然未着一字。

真正值得考究的，不是马可·波罗来没来过建宁府，甚至也不是马可·波罗来没来过中国，而是通仙门外的这尊像，塑不塑。就算马可·波罗来过建宁府，就算他所写俱实，但凭他弄出个游记并提到了建宁府，就值当为他立个全身像在松溪畔？有句老话，叫崇洋媚外。通仙门前，十足就是这一做派。当今的这一做派，固然可憎，却也不是没有由来。这由来，乃全球化。由泰西推动并主导的全球化，使得非西方文明先是被迫，而后自甘边缘化，竟至自失文化自信。其实，放到鸦片战争之前一百年的欧洲，诸如莱布尼茨在《中国近事》中所表达的，于东方国度那是崇敬有加、景仰无比的。

若真要在通仙门外立个像，也该或朱子，或宋慈，或不妨是柳永柳七。再不，立了张三公的像，也好得很。溯松溪上行，可到凤凰山，为赫赫有名的宋代北苑御茶园所在。千年前凤凰山上即已立起张三公庙。相传，张三公本名张廷晖，不仅是福建御茶开山始祖，也促使了蒸青碎末茶向研膏茶演变，并且在茶园管理上贡献卓著。其身后先有茶农、茶工立祠纪念，复有朝廷敕封"济世公"。他是闽地的茶神，即如宋代于蒙顶山奉蜀人吴理真为茶神。如今的闽北，乃至整个福建，受惠于这位茶神，何其大也。

不过，世事着实难料，福祸注定相倚。建宁府地界上，凤凰山的贡茶，就着岁月演化为武夷山的岩茶，"岩骨花香"。这一道韵味，其香飘四海，先入崇阳溪，复下建溪，再行闽江，出海越洋。这一道韵味，诱动英伦不能自已，竟至斯文全无，刀兵相见。是为鸦片战争，毋宁也是"茶叶之战"。战后胜利者一眼相中闽江入海口的福州城，强行取为通商口岸，只为茶叶贸易之地利。这一战，不光福州城为之改变，整个华夏更为之剧变；这一战，启动全球格局在渐渐变化，并继续变化着。

华夏东南一隅的闽北山地，建溪注闽江入汪洋。千百年来，建州也如这般汇入人类文明，并映射着文明的流变。建溪空间上出山、下行、入海，也正是华夏时间之轴上行走，借空间展开，自中原下江南，再开海向洋。

边城长汀

长汀是边城。边城从来都有故事。长汀不仅有故事，还有味道，且称为汀州味道。

具象的"汀州味道"，临街而立，在长汀古城核心地段。它确实有资格夺闹市之一席。最富有汀州风情的美味佳肴，就在这处以"汀州味道"为号的馆子里，静雅地由着世人唇舌品味，心神融汇。用心的主人，从火车站接了我们一行，直奔"汀州味道"。这情形，倒不似客人饥肠辘辘，而是主人急切地要展示家藏珍品。轻步踏入不大的门面，便置身于浓郁的山水清韵里，顿然让人觉得别有洞天。

落座之前，眼见是墙上的几帧照片。一个叫丁屋岭的地方，是个客家山寨，完整保存着农耕时代的生命形态。这几帧照片，诱我按图索骥，恰与主人预定的行程吻合。隔日，出城进山，蜿蜒高攀，到了岭上。十来里路，前行的车子不时照着天边开去般，旋即一个弯又回到山峦，人就在山峦、天边往返。这个客家山寨，十足是岭上人家，却又是在岭上的浅谷里。如此，既可向阳背风，又获取水便利。所谓风水，唯在顺天应地。寨子里的一口古井，直径约三尺，水深也在三四尺间。当地人说，井出水量极大，任凭取水也不竭。井圈近两尺高，上面却不平整。遗憾无以探明究竟为何不平整。这口井，已列入不可移动之国家级文物名单。农舍就着山势，以土石砖木建造，弯曲而毗连。曲径通幽的视觉里，我将自己和一众不免喧闹的访客滤去，思绪前行几十年、几百年、千多年，身心便落在了清冷而静谧、简约复安和的化境里。偏僻的丁屋岭，着实是边地，在汀州府地面上，与边城汀州府城，借着岁月、风雨若有若无地牵连着。它的生命，一定是最自然的生命、最具天地况味的生命。

主人周到至极，从早到晚、由餐而饮，用边城的自然韵味安顿这些城市动物的脾胃，也几乎不着痕迹地将一众"吃客"身心抚慰。客家菜，以天然而养生，虽家常亦至味。就在不久前，驾车从衡山返厦，由长汀入闽前途经赣州。学生余君、邹君款待我这个不期而至的老师，在赣州古巷里餐叙。桌上客家传统的吃法，鱼丸与鱼片，与我打小在福建沿海所吃海鱼就大不同，而味道别具。古汀州府的宁化县，至今还留下生鱼片这道名菜，用淡水的草鱼片出鱼肉，薄如纸、白如玉，轻点蘸料，香、脆至极。简直匪夷所思。明清以来，汀州府盛产竹纸，上品称玉扣纸。我总以为，宁化生鱼片，则是供唇舌书写的玉扣纸。热忱的主人还特意将一顿晚餐放在店头街，长汀古城里入选"中国历史文化名街"的一条老街。这般当街大快朵颐，味道更纯，风情愈浓。

身为闽人，客家菜肴自然没少吃，客家风味也算早领略，可这一趟因了主人精心"料理"，才明白过来，古汀州府地界上，众生由以安身立命的饮食，是藏着某种奥妙的。主人定然隐约有所体悟，只是未曾明朗。

无人不知，华夏文化里民以食为天；向来有言，讲究饮食的中国以辽阔地域成八大菜系。可是，难道不该是九大菜系吗？九才是大数，菜系未达于九，必是华夏生民胃口有欠、味道有亏。拿什么来补济这长久以来的亏欠？汀州味道足当此大任也。八大菜系，据说，按拟人手法，苏菜、浙菜好比清秀素丽的江南美女，鲁菜、徽菜犹如古拙朴实的北方健汉，粤菜、闽菜宛然风流典雅的公子，川菜、湘菜就像才艺满身的名士。好吧，名士多才、公子风流、淑女端庄、健汉豪迈，至乎唇吻客家佳肴、身沐汀州味道，那是与逸民相处，如饮山野之风，如品竹菊之趣。我遂自顾自取了"客家菜系"这一名号，却不啻与八大菜系争奇斗艳。八大菜系，既是各美其美，也是各守一隅。客家菜系、汀州味道，如今地跨闽、粤、赣三省，史上客家自中原隐逸这一片三省接壤之处，实非"一隅"所能言。客家自北方南逸隐居，定然就地取材，再融入其原本的生命意识。这看似日常的取食，竟然是贯通了华夏南北之广袤、古今之流变。如此，华夏"食谱"之中，怎缺得了汀州味道？"八大菜系"之余，岂能没有"客家菜系"？

此谓，华夏菜系有九。

长汀古城里，店头街可不光三五步一家餐馆酒肆，还是个怀古思悠的好去处。店头街南接惠吉门，古城留下的五门之一。惠吉门外，汀江清流南去。这一段汀江，就似护城河了。类似拿江段做护城河的，我另在襄阳得见。店头街北端街口，面对的是卧龙山。卧龙山麓有汀州府文庙。可惜，如今文庙太不整全，只留下棂星门、泮池和大成殿。所幸经过修葺，也还能给今人古风旧韵，尤其是棂星门。这为边城长汀身列"历史文化名城"留了一道文脉。州府文庙西侧，是汀州试院。士子于卧龙山下应试，大抵算个好彩头。如今这汀州试院，早没了墨香，变身为纪念暴力革命的一个场所，以枪代笔。也说不清该感慨世事无常，还是本当如此记录华夏的起伏跌宕。与汀州试院对称列于文庙东侧的，是汀州府学。不过，府学地面几乎再无建筑，单剩一口宋代古井。这井倒有故事。井边立了"府学阴塔"的碑。从未见过将井称作"阴塔"的人，若也算孤陋，我便是一个。古时常常在城中、城外建塔，称文峰塔或文笔塔，企盼文风昌盛、文运绵绵，与文庙相搭衬。汀州府学以井为"塔"，就算是匠心独运好了。前人不知如何思想，反正是留给今人一处别致景象。

古时，长汀既是汀州府治，也是长汀县治。长汀县文庙，正落址于汀州府学东侧，却也仅剩大成殿。长汀县学则更无遗存。原本，卧龙山南，一字并列的，是汀州文庙、长汀文庙、汀州试院、汀州府学。这一道华夏文化景观，换个别的州府，实难另觅。竟然在边城长汀，有此难得一见的景致。只是，如今视觉上并不呈现文庙、学宫、试院绵延接续，其为旧址，已碎在卧龙山下，须今人专门用心思去辨识。

长汀县文庙原址上，现在是长汀县中心小学。甚好，甚好，隐隐然文脉不绝断。小学大门上，赫然写着"国立厦门大学旧址"。边城长汀的故事里，这一页，大可说道。

当初，东瀛来犯，一应大学为避战祸、存文脉，远走边地云贵高原，艰辛坎坷，一路颠沛流离、失落卷辑，勉力弦歌不辍、薪火相继，为人类教育史、文明史留下堪可回望、品味的一段史迹。其时，中国最卓越的物理学家萨本栋，初掌厦门大学，战火意外扑面而来。他却有将军的勇毅、机智、沉着，只将厦门大学内迁长汀。这不足八百里，轻巧地避开了东瀛兵锋，成为时人所知粤汉铁路以东沦陷的东部国土上唯一的国立大学。长汀的厦门大学，不仅安下书桌供青年修业，更能够基于扩充的师资力量而扩大招生规模，而增设学科、专业，以备战后的国家建设。长汀的厦门大学，何止于办学，毋宁是以办学而抗战。既是书生报国，更是"天行健，君子以自强不息"。这所离前线最近的大学，用日机轰炸中屹立不倒的身躯，以最斯文的方式抗击最铁血的侵略，宣示着一个古老文明顽强的生机。

边城长汀，用客家固有的坚忍，接纳厦门大学；凭边地特有的纯净，滋养厦门大学。华夏浴血一战，古国天佑。边城，写下独有的一页。

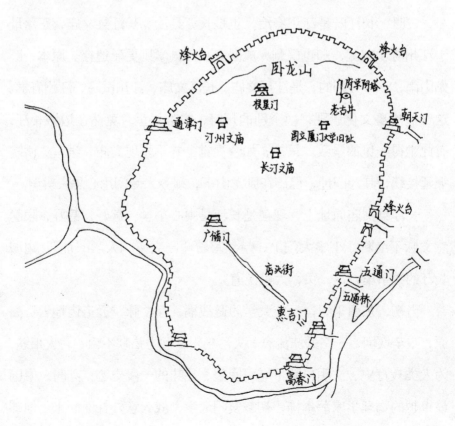

腾冲问国殇

这一天已近白露。阴历正是七月十五，祭奠、抚慰亡灵的日子。路上便下起时大时小的雨，不仅添了明显凉意，更使悲秋的气息凝重起来。

自昆明西行一千两百里，相继跨过澜沧江、怒江，顺蜿蜒曲折的高速公路翻越高黎贡山，才能抵达腾冲。再往前，就是缅甸，一个叫密支那的地方似乎举步而至。腾冲古时就有"极边第一城"之誉。这全无夸张的说法，让我觉得腾冲已非一般所谓的"边陲"。如今腾冲也确实不太"边陲"。数年前开通的驼峰机场，方便了商贾旅人。

我只肯贴着山川兼程，只因专为国殇墓园前来。

国殇墓园建成于 1945 年 7 月 7 日，距"烽火起卢沟"整八年。初见墓园牌楼式正门，既感古雅肃穆，又觉空灵飘逸。飞檐、灰瓦不待说，墙体白色为底，洁净而使人不由自主地屏息静默；淡蓝相饰，似是有意为拜祭先烈的后人留一分舒缓，更让人体悟抗击敌寇的惨烈正是为了家园的生生不息。这蓝、白色调，引人联想。门上方嵌青石，勒"国殇墓园"四字，亦为蓝色。书者李根源，腾冲人氏，民国元老，创办云南讲武堂，出任过国务总理。日寇相犯时，大义凛然，以《告滇西父老书》激励抗敌之斗志；光复腾冲后，感怀忠勇，倡建国殇墓园以慰英灵、警后世。

进门，苍松翠柏夹侍石砌甬道，尽头是高台，勒"碧血千秋"四字，蒋中正题、李根源书，依然蓝色。我看出字里的腥风血雨、前仆后继，也看出勇士长歌、从容赴义。唯此，碧血可存千秋，碧血可成千秋。高台上为忠烈祠。与衡山的忠烈祠不同，此处未设阵亡将士神位，中堂正中墙面上是孙中山遗像、"天下为公"横额。不知原初即如此，还是后来改动了。中华民国国旗和中国国民党党旗悬挂两边，两侧墙壁上则恢复所嵌九十六方阵亡将士名录碑。这一应阵亡将士，隶属中国远征军第二十集团军，在1944年的滇西反攻中为国捐躯。

这是抗战史上少为人知的一页，至少我因亲至腾冲才借滇西抗战纪念馆得以了解。说到云南，大抵以之为抗战后方。一面，沦陷区的大学退此以续弦歌；一面，外国援华和华侨捐献的物资由此以壮前线。实则，怒江亦前线，且极紧要。1941年的美日战争爆发后，中国在国内战场本已胶着、无比艰难的情况下，出兵缅甸，协同美英对日作战。此为中国远征军之始。同古、仁安羌诸战，扬国威、奋人心。随后作战失利，远征军或西避印度，或北退野人山，损失惨重而尚存元气。日军乘机由缅甸侵入滇西，占领腾冲、龙陵等地两年多。其累累暴行，惨绝人寰，腾冲人民丝毫不敢淡忘于岁月流逝中。腾冲街头眼见"抗战老兵后代联络处"，国殇墓园耳闻所有导游语调音量不同而皆发肺腑之言以感念先烈、痛斥恶行，将腾冲的血性、史上的硝烟，昭昭然于这个承平的时代、这个承平中向物欲沉湎的时代。腾冲，在日寇败退后依然抗战。谁说不必？

日军之肆欲，本不在滇西，其狼心图东取云贵，抄我华夏后路，与湘桂荆楚之战场成东西合围、腹背双击之势。东瀛阴险至极，神州危哉危哉，竟远甚于淝水。就在日军攻抵怒江西岸即将夺取滇缅公路之关节惠通桥之际，中国守军毅然炸毁惠通桥，并于东岸歼灭泅渡过江之数百日军，阻强敌于怒江之西。华夏千钧，怒江一发。随即，我军于怒江东岸自北向南五百里布防，狼心不因豕突得遂。两年有余，怒江对峙，华夏略减后顾之忧。高黎贡山里，我往返怒江，再次感慨关山险阻适成国脉。怒江防线之于抗战，甚于衡阳固守、常德阻敌矣，全不亚于长江上的石牌要塞保卫战。到了 1944 年 5 月，第二十集团军、第十一集团军两线强渡怒江，反攻而全歼怒江西岸之日寇，并远征缅甸之日军。腾冲为第二十集团军所克复。此役，腾冲人民决然焦土抗日、毁城歼敌。腾冲石城，此时已屹立边关五百年。华夏抗日，何止于军民牺牲血肉之躯，也是以千百年无数代所累积传承之文化血脉。

忠烈祠后，是安葬将士遗骸的墓地，为圆形丘陵。墓地习称小团坡，原为古火山。腾冲今日以火山地热远徕络绎之客，颇负盛名。腾冲火山还得以名列世界地质公园。这墓地，无如天成；于此入土为安，无如忠勇将士魂归天国。腾冲父老当年的用心，令今人感佩。林木茂盛、幽僻静谧的小团坡，月台正面嵌了"天地正气"四字，侧边拾级而上，已不期然仰望先烈，恭敬致意。整个小团坡辐射状立有三千三百四十六块墓碑，每块墓碑上均刻有官兵的姓名、军衔，一人一碑。总共七十二行，规整有序，正是原作战序列。入眼，任谁都看得出来，这是我华夏威武军阵，哪怕山崩地裂也是匹夫不可夺志。这军阵，汇山川精气，护天道正义，受阅于华夏万世。此刻，我竟不肯当他们是阵亡的英灵，我视他们为生龙活虎的肝胆兄弟。可不，我携了青稞烈酒来，向他们献上，共饮。

小团坡正中筑石阶，直达坡顶的圆形平台。松柏环绕中，巍峨耸立的是阵亡将士纪念塔。塔身四面饰以中华民国国徽，刻勒"远征军第二十集团军克复腾冲阵亡将士纪念塔"和"中华民国三十四年岁在乙酉季夏"。塔座东、南、西三面刻第二十集团军克复腾冲作战概要，由集团军总部撰于民国三十三年九月。塔座正面是李根源所书"民族英雄"，黑底蓝字；黑底上另有两方篆刻相衬，阳刻的"民族英雄"，阴刻的"永垂不朽"；边框祥云，蓝色为底。到这一下，不由得不提升情感到至高点，不由得不浓郁情感到不可抑制。无泪的静默也好，洒泪于先烈也该。泪眼中静观纪念塔，风侵雨刷，青苔斑驳；岁月有痕，世道起伏。心思只是，多待会儿，多待会儿，陪陪他们，陪陪他们。打定主意，次日返程前，再来看看他们，再看看。

我自明白，我这三尺微命、一介布衣，来或没来，于大局、时局实在无碍。民国三十四年的国殇墓园东侧，晚近建起了滇西抗战纪念馆。历时一百多天的滇西反攻、收复失陷的怒江西岸，得以直观、完整地呈现给今人。这堪为小团坡的纪念塔之外为阵亡将士另行竖起的丰碑。而沦陷期间日军的残暴、花甲秀才张问德出掌腾冲县县长之勇毅、敌我双方隔怒江之对峙，以及更早时期滇西人民诸如以滇缅公路支援抗战前方等，也由纪念馆记录、存留。我在纪念馆里用了两小时，静静阅读华夏抗战史册中不可缺的这一页。我欣慰，身为华夏后裔总算补了这一课；我欣慰，华夏的集体记忆中补上了这一段。也还是有些遗憾的。这是滇西抗战的纪念馆，还是建于滇西的抗战纪念馆？想来，本意是"滇西抗战的纪念馆"；我所属意者，乃"建于滇西的抗战纪念馆"。自倭人来犯起，所有抗击，俱关乎全局、整体，非仅一城一地之战、一时一刻之争。神州大地上所有的抗日战争纪念馆，最该以"中国抗战纪念馆"统一名称，各地则以"中国抗战纪念馆之滇西馆""中国抗战纪念馆之衡阳馆"之方式分别命名。如此，方显华夏五千年一脉相承，神州九万里无分东西。

神州九万里无分东西易，华夏五千年一脉相承难。何难？

克复腾冲的远征军第二十集团军阵亡将士有幸，尚得青山埋忠骨。自 1941 年戴安澜率第二百师先期入缅作战，到 1945 年中国驻印军攻缅，超过十万的中国军人在国外效死疆场。他们，即便不是遗尸荒野，也是不得归葬故国，更不说野人山之惨。他们，生前固然义无反顾，身后定然不肯安魂。甚至，世道跌宕中，他们还遭受有意的遗忘、抹杀。今人如何不愧对杀身成仁于异国他乡的忠勇将士？

终于到了 2011 年。紧邻民国三十四年的忠烈祠，特建中国远征军纪念广场。"中国远征军抗日将士纪念碑"，铜质，背面镌刻《中国远征军七十年祭》。纪念碑之后，是中国远征军抗日阵亡将士墓。墓碑正体汉字，蓝色，用意当在与民国三十四年的国殇墓园"一脉相承"。这是接续历史之勉力。这墓与碑，约略可看作迁葬他国异乡之忠骨于故国神州。何言"约略"？以远征军阵亡之巨，此地太过局促。这一方"中国远征军抗日阵亡将士墓"，就当一道意象。这意象若得永在，便是远征将士永存于国人心间。

《中国远征军七十年祭》也是全文正体汉字，概述远征军之战迹与战绩，荣豪之心并哀痛之情。谨节录于下：

高黎贡高兮，冷水沟水寒，壮士一去兮永不复还；槟榔江清兮，云峰山再蓝，家园无恙兮白露为霜。出征七十载兮今得返故园，镌石三千吨兮碑以哀国殇。灵歌以招魂兮，愧后生来之何迟；俯首敬高香兮，祈英雄得以永生。噫！先烈先驱兮，吾辈岂敢碌碌；楷模桢干兮，华夏仰此巍巍！

歌曰：怀者来归，青山葳蕤，告彼诸神，佑我英魂！

在天为乾，在地为坤，永志不忘，民族昆仑！

好一句"愧后生来之何迟"。后生来迟！后生来迟？

腾冲以国殇墓园安烈士英魂，非仅因缘际会，实也出于腾冲父老之忠义。这忠义，恰是华夏的血脉。这血脉，不光国族铁血之果毅，更是天下兴亡的文脉。腾冲固有这一道文雅。就此而言，腾冲之为"极边"，仅仅是空间的，而非文化的。可若非腾冲恰好在地理上"极边"，这一道风雅文脉能平地营建国殇墓园在先，续造中国远征军抗日阵亡将士墓之意象以继？

华夏五千年一脉相承。这一脉，最要在文脉。

海之南，新大陆

由任职当地的学生傅君陪着，我驾车出三亚城，往山里走，不太多时间，便到了山脚下。这时候的五指山，最显出山如其名，让人几乎误以为自己是孙猴子，面对的是佛祖的大巴掌。华夏大地上一应说得出一点名号的山里，五指山是离海最近的少数几座山，更是最南边的。这"大巴掌"，就耸立在南海潮头，用"科学"的语言来说，是中国纬度最低的山。

我没有预留上山的时间，只是下车略略停留。到这山脚处，在我便是到了五指山的地头了；就近看个真切，便是拜访了地头上的"主人"了。如此已足。没有再抬腿"登堂入室"，实在无关紧要。回程我特意绕远路，好多感受五指山区及其山海转换。于我，这更要紧。驱车折返一小段路，我眼尖，见着路边农舍卖茶，旋即驻车。这一趟专程来，除了见山，本也是要找茶的。大姐和善、质朴，与这山地浑然一体。得知有野茶树所制红茶，我选了两款品饮，觉出它们的区别，一者灼、烈，一者柔、顺。大姐答我，前者是夏茶，后者则是半月前所制。这一天正是白露，距立秋一月。我喝起来感到绵柔、滑顺的野生红茶，乃是立秋后的茶。无怪乎与盛夏的茶明显不同，时节把炎热、暴躁带走了。五指山南麓，我悠闲地喝着，往山外看，正是南海，借此明白过来，身前的这一盏茶，已是中国所有茶中最南边的了。这一想，倒不再顾及它好不好喝，而是着意其地理上乃独一处了。这茶，居然长在了天涯海角。何其难得。

这回海南之行原无关茶事，心思里也没想到茶。海南之于国人，至少于我这样的中国人，地理上和心理上都是远的，甚至是遥远的。其远，在我，甚于西藏、新疆这样的边地。大概因为它在"海外"吧。它既远，就难以将它与日日必饮的茶勾连起来。茶是近的。这近，何止于空间，更是心理；这近，何止于我，也是于华夏文明。那天晚餐后在三亚城里溜达，不时见到茶铺，才知道海南产茶，红茶、绿茶都出，有的还价格不菲，遂存下五指山访茶之念。这一刻认真地喝起茶来，很自然就不再当海南是远的了。也算宾至如归吧，茶做媒。可是，川西蒙顶山的茶神吴理真，何时将他的法力施到原本孤悬海外的五指山上的呢？这却是我无从求解的迷。也不知是否是离蒙顶山不远的眉山苏轼贬谪五指山下的儋州时，带来了种茶、制茶的农艺。自且存疑好了。我只当有茶的海南是华夏大地一隅即可。

单"海南"二字，可指方位，如"天南海北"般；也表示一个政治体中的行政区，与邻近的陆地上的广东省、汪洋中的台湾地区相比肩；还是一处地理单元，海南岛。在我的感觉中，它最不像岛了。倒不尽是它的规模足以让我把它当陆地，而是它跑火车。一般的想法总归是，水面上露出来的一块地，哪儿够火车施展的。早先，从最北端的海口到最南面的三亚，火车走西线；后来，在东线修了眼下新式的铁轨跑动车组列车，求个风驰电掣。我飞抵海口，不用出机场就可以径行转动车组列车到三亚，从三亚去海口则走西线的老式铁轨。若不是东线、西线都有不少路段火车几乎是贴着海岸线，我便浑不知觉这是在海岛上跑火车。旅途着实添了美的意象。不久前，这样的动车组也在西线开跑，遂使新式铁轨闭合成环线。据说这是全世界第一条环岛动车线。人口为海南四倍多的台湾，都还没有这么一条环岛"捷运"呢。莫非，海南比台湾地区显出后来居上之势？

海南的火车并不只在岛上跑，还跑到陆地上。相应地，陆地上的火车也跑到岛上来。这跑来跑去，却不容易。隔着琼州海峡的。火车过琼州海峡，海面上没有桥，海底下无隧道，靠的是轮渡。要是不赶时间，行程悠悠，火车轮渡显然比大桥、隧道有趣。把火车装到轮船里，渡海去。要说对这完全不好奇，好像比火车跨海跑还不容易。海口的轮渡码头上，火车停下来，十七节车厢拆成了四段，推进渡轮肚子里。到了北边雷州半岛上，又将车厢牵着反退出来，再拼回原来的样子。专业的说法，这是一次小小的编组。一拆、一拼，也没多大光景，像是变戏法，让人开了回眼界。眼开得不小，舞台竟是琼州海峡和两头的陆地。拆、拼之间，另有眼见。渡轮离开码头，水面渐渐辽阔了，置身汪洋之中的感觉强烈起来。然后，视野里的海南变小、变远，终于看清它如何孤悬海外。果真是海之南。

农耕的中国是不需要海之南这一片孤悬的陆地的。要说有所需要，那就是贬谪，如西伯利亚之于俄国。还好没那么凄惨。它其实连贬谪的资格也都是浅浅的。韩愈、柳宗元、刘禹锡者流，在唐代只需贬到湖湘、两广，完全用不到琼州。得到宋代，海南才有资格成为贬官之地，那也得候在黄州、惠州之后。也亏得总算候到了，才有了今日"天涯海角"的风雅。其实，对于农耕中国来说，东坡大学士所断，还不足以为"天涯海角"。只是，这不怪他。

潭门渔民眼里，天涯海角在别处。潭门是个不大的地方。行政上它叫作海南省琼海市潭门镇，地理上它在海南岛东南海岸上，历史上它是个彻底的渔村。千百年来，潭门的渔民着实了不起。谁要是对海明威笔下的那个海上老人抱有敬意，那该将十倍乃至百倍的崇敬恭奉于史上的潭门渔民。在无动力的木帆船时代，缺乏现代卫星导航，潭门渔民一叶轻舟，将整个南海当作了田园，以安顿一家家的生计，遂葆有一代代的生机。东沙、西沙、南沙，甚至黄岩岛、曾母暗沙，都是他们泊一泊渔舟、歇一歇力气之所。其果毅、广博、辽阔，堪为世上渔民之最。无数的牺牲与豪迈，更累积了潭门渔民于南海了如指掌，所有岛礁、航路、洋流、气候、鱼汛，都汇集为世代相传的《更路簿》。这《更路簿》便是渔民自己绘就的海图。单就岛礁而论，他们有准确的定位、分类、命名。其堪为最卓越的航海家与地理学家。纷争愈甚的全球体系里，华夏一族要守"南海主权"，识者由此有言，原该拿《更路簿》里的岛礁之名，声称其为祖传之地的。可惜，可惜，慢待了这份千百年凝聚的心性、勇气、智慧。

这个农耕民族实不乏其海洋智慧。可切莫以为只在郑和航海，它也在海南渔民的南海捕捞。真说起来，如昙花一现的天子扬威，能比海上世代讨生活的日常劳作？

海之南的这一块陆地，晚近才越发热闹起来，也重要起来。先是从广东省分出来，独立成为省，就如当年台湾岛从福建分出来建省一般。紧接着，淘金者蜂拥而至，楼宇也如雨后春笋。再后来，看海的摩肩接踵，而过冬的人则像候鸟一样倏而来、倏而去，使得在海南见到北方人比见到本地人还容易。同时，一片片处女地变身为果园，现代农业技术将累累硕果供给到大陆上的千家万户，赐福于众生。

要说海南之赐福众生，另有至关紧要的一桩。几十年前，如何使水稻单产增加，以免饥饿之困扰、逼迫华夏，乃中国水稻育种专家的心头大愿。海南以纬度之低，引来几乎所有慈悲、虔诚的水稻育种者殚精竭虑，期盼地里冒出奇迹。天地不负这些有心人。1970 年，在海南发现了一株"众里寻它千百度"的野生水稻，欣喜的袁隆平专门取了名字，叫"野败"。这一株不育父本野生稻，成为中国杂交水稻的关节所在。

万多年前，陆地上长江流域的江西万年或湖南道县，华夏先民于地表上最先将野生水稻移为栽培水稻。稻作农业的再一次革命性跃升，则该算源出海之南。

古籍上"地倾东南"之语，难道是预言？

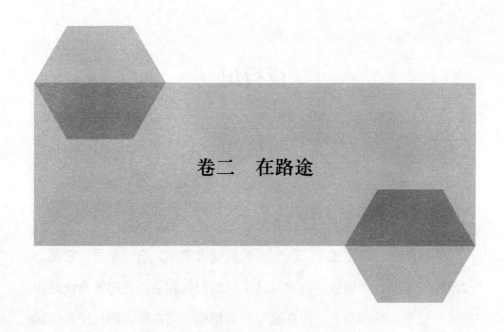

卷二　在路途

夜行记

这一晚，大地清朗。这份清朗，走动着。走的是我。

冬日傍晚，我到达厦门岛北端的高崎火车站。这一年里，它是个过渡性的车站，普通旅客列车从这个站始发与到达。这座城市快速膨胀着，已是"城在海上、海在城中"的格局。而高崎，却几乎是这城市一个偏僻的地方。退回几十年前，厦门岛离陆地最近的这个北部，原是咽喉之地。

十八点，夜幕初临，我搭乘 K298 次旅客列车，驶出车站，旋即驶上跨海的公铁大桥。K298 现在的铁轨，是为时速二百五十公里的动车组列车铺设的。后来的情形足以说明，它真的是鸠占鹊巢般。公铁大桥的右侧，是著名的高集海堤。当年，为了军事目的在厦门岛的高崎和陆地上的集美筑起海堤，使得火车可以直接开进作为军事前沿的厦门岛。那一番移山填海筑起长堤，是华夏族几千年文明史上的头一遭，堪为巨大工程。岁月催这条铁路渐渐老迈，而海堤则从彰显人力之壮举变成海洋生态之害。两年前，海堤扒开大口子，使得两边的海水在几十年后重新连通、流动。这一下算是人拾起一分恭敬予海洋。代替海堤的是这座公铁大桥。其公路桥部分有两个近似驼峰的拱起，桥便有如海上的另一重波浪。随堤弃桥起，老式的普通旅客列车也在渐行渐远，正一步一步消逝于华夏大地。

出站半小时后，K298 临时停靠。这情景，于普通旅客列车平常得很。让人安慰的是，车上的广播随即提示，"列车临时停靠。请旅客们放心，我们很快继续行驶"。我真因此安心不少，尽管这一趟的K298 如何慢慢吞吞都不会对我有太多妨碍。这一份安心，也包含了欣然于铁路局之周到。几分钟后，一趟动车组列车从后方疾驶而过，后发先至；又过了几分钟，前方另来一趟动车组列车。然后，K298 才得以继续前行。它不得不为那些能够骄傲地风驰电掣的动车组列车让路。一个多小时后，它又路边这么避让了一次。这本也是常理。走得慢的总是要给走得快的让道，否则，轻说是浪费，重说是霸道。

十九点，K298 到达漳州车站。这也是一个动车组车站，不是五十多年前鹰厦铁路上的漳州站，不是三十多年前我还是个学生时上学途经的漳州站。K298 停在了最边上的站台，停车时间长达十七分钟，大大超过了旅客上下车实际所需时间。我先是略略不满于铁路局这么虚掷旅客的时间，随即自己明白过来，这样的旅客列车现在本就不是要抢时间的。我正是不需要争分夺秒，才会上这么一趟很不客气地胡乱占去我的时间的"贼车"。老派绅士般慢慢踱步，这才是 K298，及其尚健在的兄弟们。于是我下到站台，尽量也绅士般慢慢踱步。十来分钟时间呢。这是久违的感觉了，站台上放风透气、舒筋活骨。回想起来，以前还能在站台上洗洗脸，添几分畅快，再买上些吃的，尤其是当地所出物产，生出精气神来安顿下一段行程。这样的站台，便是你能在途中也留下气息乃至刻上印记的处所，遂也是你因缘际会地暂时承托生命之所。

也就只踱了几步，耳边声响。一趟动车组列车倏地来了，又倏地走了；再一趟动车组列车也倏而来，倏而去。它们都只停车两分钟。动车时代的站台，催人快快上、匆匆下。这站台，只有工具的属性了。没有人来得及留下气息、刻上印记，它更与托命无关。是了。还有那个逝去了的景象。站台上迎候，站台上送别；站台上翘首以待，站台上目光恋恋。何止站台，火车也先自简约为交通工具了，只管拉着人离开，拉着人到达。生命于此越发显示其智性形态，情感之饱满、精神之丰富、内心之敏细，似乎都与到达和离开失去了牵连。

回到车上，K298启笛而行。在那些光鲜的动车组列车衬托下，它的步子很是舒缓。车轮与铁轨在舒缓的触碰中发出"哐当、哐当"的声音，车身轻轻地摇晃着，很明显，却又全然不碍事。这是很别致的韵律。它显然不快，可分明它也不慢呀。不快不慢，不疾不徐，这就是K298的节奏了。依然当这是老派绅士的节奏才恰当。D开头的那些后辈，尤其别的铁轨上跑的后辈G们，断不会有这般节奏。甚至都不能说那些后辈有节奏。它们只是一味图快，何谈节奏？

我原本也不过拿K298当通常的交通工具，去我前方的目标。可它竟然馈赠我节奏这一大好礼物。我享受着这份礼物，将感受浸润在这偶遇的节奏中，舒缓前行。在崇山连绵的闽西，K298穿过一个个隧道。然后，车厢里照明的灯熄下了。列车进入夜间运行阶段。这是K298的另一节奏。随车灯熄下，我便得到了另一份馈赠。此前，车外漆黑似墨，若不经过村镇便看不到光亮。此时，从没有灯光的车厢往外看，才知道车外根本不是黑暗的世界。

眼见皓月当空，近于整圆。农历十三的月光下，大地披着薄薄的银光，山峦、河流、树木、屋宇清晰可见，静谧、安详。月光与大地的世界，简单、纯粹，没有多余的存在。月光与大地的世界，就在眼前，触手可及，却全然不必及。只这么看着好了，看得心神也静了下来，静到 K298 的摇晃与哐当都不再去知觉。只这么看着好了，由此与月光、与大地不言不语地对话，去感受月光的洁净、大地的慈爱。真是亲近而美好。这景象与心境，也着实突如其来，却又让我觉得它其实一直就在，静静地在，只等人来感受。

幸好 K298 以老派绅士的姿态踱步，我才得以这么贴地行走，走进了月光与大地的世界。当这般步态消失的时候，人们和我，便只能在大地上疾驰而行。速度让行走不再贴地，一切都变成转瞬即逝，无如没有根基的行走。都不用飞机，空间移动就已经去地化了。这个时代，从摩天大楼到移动通信，从无土栽培到人工生殖，人类天性上所期盼之便捷、富足、安全，似乎越来越得以满足。而人类也正是在顺从乃至迁就自己的天性的幌子下，用越发发达而永无止境的技术，将生命导向了无根性。

人天性上渴望无限，而现实总是有限的。这无限与有限之间的矛盾，实在是人生的大困境，乃至人生的根本性难题。稍加考究，即可发现，人类文明有两种不同的路数，来解决这有限与无限的难题。一种路数是，竭力突破现实的有限以求无限。这在古代，是方士与帝王竞相借丹药而求不死。大抵已成笑谈。却不知，闹剧似乎以另版续演。

这几百年来，实证科学之大化流行，竟至于几乎在"上帝死了"之后成为绝对权威而大有演化为"科学教"之势，根源即在这"突破有限求无限"的心性。由实证科学所延伸而来的技术，遂日新月异、层出不穷，造成这个堪称技术泛滥的世界。人便因此越来越依赖技术的力量，文明便因此越来越工具化与物质化，符号世界日益消解，人则相应地物化。最直观的景象，岂不就是功能越来越强大的智能手机？去地化与无根性即是这一路数的逻辑结果。智性生存的生命形态展示得极为透彻。好莱坞的《星际穿越》里，滋养了生命与文明的大地，因其有限，遂弃如敝屣。科幻的表现形式所深植的，正是这"突破有限以获得无限"的心性，也是现代文明对"大地母亲"弑母式的行动逻辑。

人类本也有另一种路数，在有限中趋近无限。大学食堂里，悬着一副对联：一粒米中藏世界，半边锅里煮乾坤。早先看到，只以为大气魄、好意象。在 K298 的节奏里，我从这气魄与意象中顿悟出了一番独特的人类心性。厨师用他的方式融无限于有限，农夫另有行止在有限中趋向无限。千百年来，精耕细作的用心、爱惜地力之恭谨，正是。宋代僧人的三境界，从"见山是山，见水是水"到"见山不是山，见水不是水"，再到"见山还是山，见水还是水"，那是向来路返回而在返回中超越的生命体验与开悟，更显然关乎无限。这就在形下与形上的两端，各自展示出于有限处向无限的意趣与心性。便称这为诗性生存吧。

岂可一味求快，而至生命在闪动状态？果真不必求快，只要悠然见月光、身心近大地？可生也有涯，怎能不争朝夕？

话分两端。今人的年寿已比古人大大超出。这堪为文明的巨大成就。可是，长寿的今人在精神世界的创造，大抵难以比肩并不长寿的古人，至少还没有超越前人。否则就不会以两千五百年前佛陀、仲尼、苏格拉底的时代为人类的轴心时代。可见，想活得久些，只是人的天性，大体无关活着的意义。自然，对于单一的生命个体而言，他可以把活着当作意义本身。可对于作为种群的人类而言，单纯延长个体生命的时间长度并不重要。人类重要的是种群之生生不息，而不是个体的永生。一味追求个体永生的结果，也许恰是种群生存之灾难。于是，人类文明中的另一个关键性难题出现了。种群与个体之间，孰轻孰重、孰先孰后、孰本孰末？

文明迄今已有一种取向，尊奉生命个体为独立的、实在的、至上的、绝对的。是为个体本位，所谓个人主义。因而，快些、再快些、更快些的自然欲望、天性所向，便极力去满足；由快些、再快些、更快些之路径，以求突破年寿所限，或造成年寿延长之效果。余生固有涯，胜在争朝夕。文明原也有另一种取向。坦然地面对上天加于自然之寿限，既不无谓地求长生，也不轻贱、鄙夷有涯之身。以参赞化育之气魄，既在生生不息的生命理解中使有限生命获得无限的意趣，也在有限生命的舒缓与怡然中体验无限的美妙。有限之生，遂可以昂然卓立天地间。

生命原不必简约为快感的。

一车一城，亦车亦城

我上了 K904，奔襄阳。它这般不疾不徐地走，使得我要花略多于十二个时辰的时间，在次日的同一个时辰里到达汉水之滨。一整天，不，甚至是两天了。这倒无妨。我乐意将我一生中的几天时间与襄阳勾连起来，从容地。K904 的线路，也算是蜿蜒而去。若把火车比作钢铁巨蛇，K904 恰恰是蛇行，愈显其蛇形。它由闽南向闽西，出闽入赣，自赣州顺赣江从赣南奔赴鄱阳湖西畔的赣北；在幕阜山东端贴着自夏商即开采的铜绿山古铜矿到达武昌，由此过长江；旋即到汉水汇于长江的汉口，西北向而去，在江汉平原大体溯汉江上行，经过云梦、随县，然后到襄阳。这样一路的地理与历史、自然与人文，不枉我弃了风驰电掣的新式旅客列车，只肯上这一趟显得慢悠悠的火车。

寻思去襄阳有几年了，也很想顺着汉水走一段。自称汉人，写着汉字，不敢当任一种形式的汉奸，那总该来拜谒汉水吧？这一带依傍汉水的是，云梦秦简昭示华夏，随县编钟声震天下。至于襄阳，不独今日看来处华夏腹地，古来已是据汉水之要，扼秦巴山地与江汉平原之交，乃四战之地。遂有小说家自古至今总也故事说不尽，更有诗圣一句"即从巴峡穿巫峡，便下襄阳向洛阳"，既道出襄阳为交通要冲，也平添了后人几分想望。这样的襄阳，城不仅该古，而且该坚。城坚则固，固而难撼。宋元之战，吕文焕守襄阳，蒙古铁骑只得汉水勒缰。连岁月也难以轻撼襄阳城，几乎留给了今人一座完整的襄阳古城。它完整，有故事，以至于能比肩国都级别的西安古城、南京古城，据说正在联袂申请列为世界文化遗产。我的心意里，倒不把它当遗产。这一趟，是前往神会先贤，致敬铁血勇士，探望旧日老友。

临窗瞎想时，身边走过一对父子。大约四岁的儿子问："爸爸，我们到了吗？"父亲答："我们在四号车，这是八号。你要再走四节车厢才到。"听父子俩的语气，看他们前行的步态、身影，像是他们要走过四条街，到自己的处所。这处所兴许还就是他们的家，或者是能给他们家的感觉的所在。待他们走出了我的视野，我依然看着跟前的这一节软卧车厢，便真的如看一条街道。每一个包间，或开着门，或关闭着，或半开闭，即如临街的每一家般，各自的生活节奏用大门的开闭体现出来。一个包间里，四个人围着玩纸牌，有如街坊相聚同乐。又像是今日茶馆里的场面，倒非作家的《茶馆》里的情景。一个包间里，除了大人，还有三个小孩。一个六岁男孩和他三岁的妹妹一家，四岁的男孩另一家。两个偶遇的男孩，一起嬉戏，也间或吵一吵，极像邻里玩伴。俩孩子不时从包间跑进跑出，添了车厢的另一样气息，很容易让人忘了这是在路途。几乎是在这样的幻象中，便见一个中年女子从包间出来，肩上披着一块布。大抵是车里的空调太足，冷到她了。这又似女子日常模样地从家中走到街上的寻常街景。列车员走过来，很友善地说了一句话，满满的关切，"给孩子带了衣服，没给自己带"。她的神情、语气，不像个与某位旅客少带了件衣服全然无关的列车员，像个邻家妹子，对这乘客的冷感同身受又爱莫能助。我在K904上的整整一天里，都觉得她和气、温婉得不像往常经验里的列车员。若是在高速运行中的旅客列车上，"新生代"的列车员也周到，也笑意盈盈，但总是留着训练和职业的痕迹。K904软卧车厢的列车员，她的温和、友善很自然，也很日常。

我在八号车上，想着那个前行的男孩，到了硬卧四号车里他的"家"，安顿下来。也许他也偶遇了玩伴，也许他在父亲的呵护中安然、自在。那是和我的八号车隔了街区的另一条"街"。那里会比我所在的"街"多了很多人，嘈杂、喧闹些，略略的拥挤。还有另外几条"街"，更嘈杂喧闹，更拥挤。记忆里，这样的"街"全然市井之相。那是一些叫作硬座的街区。

此时此刻，我诚然是在开动的旅客列车上，可这一趟K904，何尝不是一座移动的城市？这里聚集了许多人。这些人，该叫"住家"，可以分四个部分。八号软卧车厢一部分，一号到七号硬卧车厢另一部分，十号到十六号硬座车厢又是一部分，硬座车厢里还有些人是买的无座票上车的。可见，林林总总的各色人等，虽然偶遇于K904，却是结构化的，由此能够秩序井然。这单从软卧车居中、硬卧车与硬座车分列两头而不混杂即可看出。这秩序井然中，又像是各取所需。猜测，要是K904取消硬座，全都是软卧，一定不少人反而不满意，虽然"众生平等"了。可见这结构与秩序，正好就是社会分层之再现，或者说延展。与八号车相邻的是餐车，极方便我"踱"了去，"坐"下，不失优雅地果腹。世上大概没有不开餐馆的城市吧？软卧车比其他的硬卧车离餐车有近水楼台之利，无如是把软卧车里的"住家"待为上宾了。车上还有乘警，有医务室。这也是城市之为城市不可少的，为的是解决或者预防城中之人不免会出现的行为上或生理上的偏差。我用餐时，一位哭泣的少妇走过，她三岁的儿子不见了。乘警边安慰她，边帮她找。等再见到乘警，我一问，知道孩子找到了。文明社会里，有人的地方就一定有个"长"。这座车城，列车城市，自然也有"长"。列车长是位巾帼，很自然就流露出干练甚至泼辣的性格，确实有不让须眉之气势。我无端觉得她像美国西部片中某个小镇上带有牛仔气质的镇长。她掌管这座铁轨上的城镇。

"铁轨上的城镇"，我生出这样的感觉，先是觉得新奇，而后感到一丝怪异。我这个喜欢汽车乃至好像已经在日常生活中依赖汽车的人，对私人汽车独有一种评断。汽车不只是交通工具，不只是让人满足对速度、力量、操控的心理需要，它最深层的作用在于私人空间之移动。只是，汽车的主人们很少意识到"私人空间之移动"。说来，这主人就不到位了。几千年前，人类制陶，空间始动。由之产生轮子，后来竟然又弄出了车子，空间越发因此而动起来。这个创造，自然算得惊天动地。到了工业化的这百多年里，得了矿物能源做动力，空间之动，越发厉害。不仅地面动，越动越快，还在水底动、空中动，也是越动越快。

K904之动，颇有些不同，不是自驾车旅游时私人空间动起来了，也不是一架客机上天的公共空间动起来了。这是城市动起来了。K904是移动的城市。表面上看起来K904是让人在空间上移动，实际上它却是把城市移动了。先民烧土成器时，一定想不到今日的状况。那时，他们还没有城市，顶多就是一些人群居，成为一个聚落。后来的文明成就里，有了城市，但是城市不动。城市不仅不动，还要夯土筑墙圈了起来，更显不动。这城若能同仇敌忾而致"敌军围困万千重，我自岿然不动"，最好。再后来，文明有了很高的成就，才能将城市方便地搬动，搬来搬去。

这动起来的城市，还真有点匪夷所思。有一段铁轨铺在了山脊上，看窗外，山坡和谷地铺满田园，车像凌空行驶。火车山头跑，火车下面是田园。这一座车城，俨然山顶的城堡了。可不久，它就带了魔力般下山，然后一头又一头地扎进一个接一个隧道，把自己从山顶的城堡变成地底的城堡。说它上天入地，大概如此。

这么随着 K904 天上地下，想起一本西人写的《文明的起源》的书。作者说，"文明人住在一个差不多是他自己创造的环境中。在这种意义上，文明乃是人类自己创造出来的环境，他用来将他自己从纯自然的原始环境中隔离出来"。这话，看来是由 K904 落实了，而且是极致地落实了。工业文明、矿物能源、钢铁力量，K904 所包含的这些，可以溯源于古典希腊的实证思维。《文明的起源》讲的本就是爱琴海文明的起源，不及于所有文明。"从纯自然的原始环境中隔离"，也就是从自然中抽离。若不抽离，而是扎根于自然，一定动不得，也未必想动。人类原本悠久而多元的文化创造中，有没有不与"纯自然的原始环境"隔离，而是恰恰与天地融契的文明？我在 K904 车厢里这么问，简直该受"骑驴找驴"之讥。想来人类天性上是好动的，才会弄出这样的动态来。可要是动过头了，是否其实有些糟，甚至很糟？这一道，不能不想。单就个人而言，好动是幼儿期的特点。不动的幼儿足够吓人的。可要是长大了还好动，也很成问题。适成乱动。一个人成熟，是不是更该体现为节制、有度、内敛、静雅？

　　我下了 K904，出襄阳站，径直往老城区而去。甫上汉江公铁大桥，便见襄阳城墙赫然在眼。城北门临汉门，看着确实古意盎然。紧邻汉水的北城墙形制特别，不是直刷刷地一字列着。北门东段城墙渐渐前伸了，使另开的小北门突出，然后城墙甚至伸到了汉水边，倒像是把汉水当了护城河。这气派可大了，又极显其防卫功能。这一段城墙，尤其让我喜欢。注目之下，慢慢地觉得史上的硝烟弥漫、刀光剑影都已随汉水下逝，一切都静下来了。这一静，古老的城墙竟似化成一笔一画，由对岸祭祀米芾的米公祠写在汉水边上。

　　大地做纸，川流为墨，笔画静谧。

行程，足当风景

这一程贴地环行，记录如下。

与以往的行程不同，最初几天，并未筹划环行。大体打算从西安去青藏高原上的茶卡盐湖，或深入祁连腹地，返回。也琢磨着，是否该去秦安大地湾了。后来，西京超过四十摄氏度的酷暑中，我似乎听到祁连山下的河西走廊在召唤。西行中也是数次调整路线、时间；到了北京，才决定去海州。成此环行，无如天意所定。

时在丁酉猴年，2017 年，盛夏。便利起见，日期采数字式。

7 月 15 日，厦门—南昌，北偏西，D6522，八点三十五分出发，十四点到达。

逗留南昌，为的是赣江边上两处遗址所呈现给今人的器物。一是大洋洲商代墓葬的青铜器。这是单座墓葬出土青铜器数量最多的。说到青铜器，一般容易想到的是商代河南和周代陕西，近年湖北盘龙城为商代王都级的城址则知者寥寥，江西有单次最大规模的商代青铜器出土大概要让人不肯置信了。这可关联着青铜文明的中心何在的问题。

可惜，江西省博物馆展出的只有四具，而且并不显眼，似乎是漫不经心地放着。然而，我惊到了。其中的青铜面具，眼睛明显凸出，直白地夸张着。难道这会是向西两千多里的三星堆的纵目面具的前辈？难道这是东边千多里消亡的良渚文明向西所经过而留下的？时间上是有些吻合的。这谜若是解得开，不仅华夏文明的脉络清楚了很多，而且一种关于三星堆文明从海上来自印度吠陀文明的说法就不攻自破了。

我另一个目的是吴城遗址出土的陶器，同样在赣江岸边。江西之于华夏文明的贡献，因此它在中国文化中的分量，实在需要重新定论。青铜文明之前，江西即有印纹硬陶，器形硕大，是陶器时代很重要的一种类型和一个阶段。它恰和龙山文化的蛋壳黑陶成反差，相映成趣。这些都是另话。陶器中有一种叫鬲的炊煮器，是从有七八千年历史的陶鼎演化器形而来的。鼎之足实，鬲之足空。如今鬲已从日用常行中退出了，连"鬲"字也只是专门的研究人员才使用。但它保留在"隔"和"融"这两个常用的字中。意思完全相反的两个字，为什么都取鬲来构造？猜想是因为鬲三条腿是空的，其中的水，是相互分隔的；然而鬲腿中的水，又是与鬲腔体里的水连通的，则彼此互相连通。猜想，太极图所包含的思维，既阴又阳、不阴不阳、阴阳之间、阴阳互推、阴阳转承，最初一定是来自具象的鬲。吴城出土了一件鬲，是华夏最大的一具。这促使我好奇而恭敬前来，想看个究竟。可惜，可惜，此鬲不现于展厅。也许，它尊贵，在京都，中国国家博物馆？

江西省博物馆郑重其事展示的，是近年有着轰动效应的海昏侯墓的文物及其研究成果。观者不少。我本无甚兴趣，不过区区两千年，即便这海昏侯短暂地披过龙袍。顺便浏览，过眼即忘。

7月16日—17日，南昌—商洛，正北而后转西北，K790，二十一点三十八分离站，次日十一点到达。

这次的夜行列车，看不到窗外。下次不能贪舒服买软卧，软卧的过道不关灯。硬卧车在二十一点后关灯，车外的世界别有意味。五点多醒来，依然困顿。可是已经天亮，大地欢迎我多时了。挣扎起身，洗脸回神，注目大地。打开百度地图，此时所在，是桐柏山区的桐柏县。这是淮河源头。古人以独流入海为渎，（长）江、（黄）河、济（水）、淮（水）为四渎，专设渎庙，即如五岳各有岳庙。我专程去了济源城里的济渎庙。淮渎庙就在桐柏县境内，据说破败得近于无存。我无法亲身探个究竟，走一趟淮源也是好的。五分钟后，车外出现"淮河源风景区"的标志。好在火车走的是这一线，庆幸十分钟前我鬼使神差般起身。

秦岭南边，汉中在西，安康居中，商洛东处。汉水过汉中，走安康，下襄阳，于汉口入长江。商洛在丹江上，丹江进河南为淅川，入湖北汇于汉水。我十一点下车前，K790与丹江并行了一段。看着瘦小、单薄的丹江，想当年白起的秦军南下攻楚，大概一路走汉水，一路下丹江。白起之前，楚国势劲之时，曾于淅川大败秦军。多少金戈铁马、攻伐成败，由这如今不起眼的长江二级支流承载着。丹江上的故事呀，今人谁知？两年前，我由汉水的另一支流旬河北上过秦岭入关中，走的不是这一线；七年前，我第一次由南向北火车穿秦岭，是走的这一线，但是无暇停留。

卫鞅变法，强秦，封于商邑，遂称"商鞅"。商邑就在丹江北岸。曾有"两千年之政，皆秦政"之说。商鞅奠基秦政，嬴政推行秦政于

"海内"。看一眼商邑故地，自然是有趣的，至少比海昏侯的物件有趣。

离商邑故地不远，同在丹江北岸的是丹凤县。我去丹凤县，倒不是这名字美雅。丹凤县城史上为丹江的码头，向北入关中的陆运、向南下河南与湖北的水运在此交接。于是，离丹江百多米、约两百年历史的船帮会馆就几乎是今人可见的唯一一处船帮会馆了。这船帮会馆，正式名称是"明王宫"。"明王"何人？南宋丞相陆秀夫也，负幼帝自沉崖门以拒蒙元。这可万万没有想到。想来，船帮感念陆丞相慷慨赴死、节烈忠义，奉为庇佑神明，全然不在意这是个败亡的朝廷的悲剧文官。这胸怀，非山西会馆供"关老爷"所能比。船帮会馆大殿前的戏楼，艺术水准非常高，留下些无解之谜。紧邻船帮会馆的，原有马帮会馆，惜已无存。

商洛的洛南县才是有大意象的地方。拿约三千四百年前的甲骨文来参照，汉字始于黄帝史官仓颉的说法，时间上毋宁是吻合的。此所谓华夏文明"上下五千年"。"仓颉造字"，乃是观鸟飞兽走而成"鸟迹书"，为汉字原型。我不敢当"仓颉造字"为真，这"鸟迹书"更不敢当真。可是，清代，洛南地方官依代代相传集得仓颉"鸟迹书"二十八字，勒石以存。这固不足以信其然。可是，何以未见其他地方，自言其地为仓颉创"鸟迹书"之所？"汉字诞生之地在洛南"，也许是真的？其实，确凿与否不重要。汉字本就是意象性文字。数千年来，华夏后裔认定仓颉造字、字始洛南，也只需要意象性。这是信念，乃至信仰，可以无关实证、无关科学。

不知道，缓缓北行的列车上，窗外所见连绵群山中，哪一座是"仓颉造字"的元扈山？

7 月 18 日，商洛—西安，正北，K791，十一点二十二分发车，十四点零八分到达。

路上无话。

19 日、20 日两天，照例为西安交通大学文治书院客座短学期课程，《文明辨思：中国与世界》。

21 日、22 日两天，西安交通大学承办第四届"中国大学现代书院制论坛"。因有意参与此论坛，《文明辨思》的上课时间特意安排于相近日期。我以厦门大学教授和文治书院通识教育总导师双重身份，得于大会上专题报告。与来自各大学的同人不同，我不是介绍书院教育的理念、课程、方式等，而是提出两个问题。国家取向的中国大学，如何培育人格健全之个体？无根无土的中国大学，如何接续华夏学统与文脉？我以这两个问题，求解书院之于中国现代教育的意义，最在师生关系中以情感性调和理性化，以人伦代替契约。其时，全场肃静聆听。

7 月 23 日，西安—酒泉，西偏北，D2671，七点四十二分走，十五点三十四分到。

此行选乘高速列车，为的是重走祁连山中的门源，重见门源的油菜花海。意外的是，虽然和两年前第一次走门源是一样的时节，可这回似乎未到油菜花灿烂、绚丽的时候。因为闰六月吗？大概是第二次出西宁、越大通河、过冷龙岭、穿祁连山之故，一路再没有第一次的新奇，没了第一次人随车行、思绪翩翩的情境。果真只因偶遇才惊异？

霍去病破匈奴，汉武设武威郡于河西走廊东段，起酒泉郡于河西走廊西段，不久分张掖郡于武威，析酒泉以西为敦煌郡，史上遂有"河西四郡"之说。两千一百年前，酒泉、敦煌是中国最西端，华夏农耕在空间上的西极。我走河西走廊，便是要走到两千一百年前，走到农耕与游牧交汇的锋面上。

酒泉城里优哉游哉走着。明代的肃州鼓楼，比起东面的甘州鼓楼，文采全无，风骚远逊；比起霍去病洒御酒以犒将士的"酒泉"，更是单薄。独坐这一处"汉代旧迹"的泉边，遥想霍去病的大漠长歌，轻酌街上所沽酒泉之酒，快意而悠远。看向南边，绵延起伏的祁连山，横亘在前。甘州鼓楼上的"祁连晴雪"，两年前在张掖却是未得见之，此时正看个真切。夏日里看着远山雪冠，不由得多一分清凉。头天酒泉站下车，就清凉得几乎冻到。这着实是有来由的。

7月24日，酒泉—敦煌，西北转西南，T4601，十三点十五分开，十八点二十分到。

T4601设三种座席，硬座、软座、特等软座。原本好奇特等软座到底比普通软座怎么个特与软，又图特等软座人少安静，谁知相反，人声嘈杂、童子嬉闹，反而紧邻的硬座车厢空无一人，方便了移步独坐，安享整节车厢。列车员诧异竟然有乘客如此自愿"降两等"屈就。我甘之如饴。用一张特等软座票，换来受用整节车厢的资格，值当。摆开土黄色陶质茶具，取了云贵高原的贵定雪芽，堪堪将大地与绿叶收缩在不大的茶壶里。悠然西行。

出酒泉，旋即到明代嘉峪关，而后汉代玉门县、唐代瓜州，直达唐代的沙洲、汉代的敦煌郡。一路眼见，大地可谓跌宕起伏。瓜州一带，南面山梁延展，灰褐色，不见一点绿，无一草一木，像极一道土长城，隔开山南边的青藏高原。戈壁在北边，一望无际，平坦辽阔，人如置身汪洋，渺小得渐渐不觉生机，化为无数沙粒之一颗。绿洲终究是有的。绿洲里有水田，种着稻米。想不到吧？大漠中的绿洲，竟然不逊江南。连绵而无数的风力发电机与输电铁塔，如大军齐聚，气势逼人。谁不感慨工业文明的力大威猛，从荒原中获取资源。在这些风机与铁塔威风凛凛之前几十年，玉门油田凿开。电力与油田，以及两代并行的铁路，使得这一片大地，同样叠加着三种文明，华夏的、印度的、西洋的，固化了中国历史的三个阶段。

戈壁上的地平线，也是天际线。眼不抬，已可见天蓝云白。白云如絮，若飞若动。突然觉得，水墨画，一定是因为仰望天空、凝视流云，才得了意象。再要说，这些白絮般的云朵，是天神的草书，大概不差。也不知道，是否真因了云的意象而在笔墨上成了草书。汉代张芝，极善草书。他巧巧地就是酒泉人氏。再看这些白云，意态飘逸，像是莫高窟里的飞天真的飞天了。也许，这些白云，才是敦煌飞天的原型乃至真身？

华夏广袤，敦煌天黑得到九点后，方便了城中溜达。这座以莫高窟引来全球瞩目的小城，居沙漠中，几乎一尘不染。也很安静，并然有序。党河东岸南望，沙漠如山，赫然挡了视线。那大抵就是鸣沙山所在，山下有奇观月牙泉。我没有时间去见识，也没打算去观光。

莫高窟呢？就在火车站进城的路边，擦肩而过。莫高窟最初开凿，已是敦煌设郡后约五百年的事了。百多里外的阳关故址、玉门关遗迹，我幽思、怀古好了，去唐诗里求意象吧。也不必身临眼见。

平生第一次到敦煌，看起来像是只为投宿。旅人投宿，天明前行，不过图个过站。我到敦煌，它本身即是我的目的，不为投宿，无关景点。

7月25日，敦煌—武威，东偏北转东偏南，K369，九点十二分开，十九点四十二分到。

十小时，几乎返回"东土"，天已黑。择闹市区酒店下榻，上街觅食，如常访酒。店家卖散装青稞酒，有六十度的。最合我意。可店家嫌我只要二两。罢了。再遇散装酒坊，酒自济阳来。这好。地面上已经不见济水了。拿济阳的酒来臆想济水的滋味，平添饮者之趣、行者之乐。酒缸的标签上有"青竹酒"，细看，是基酒加竹叶、砂仁、糖。这不就是汾河上的杏花村所出的"竹叶青"吗？却是山东不肯山西专美，济水不让汾河独味。这才真好。随身的酒壶沽满，一路喝下去。

武威城不见古意。那一番东汉墓葬出土的铜塑马踏飞燕的灵动、美雅，烟消云散了？武威的分量，实则只需鸠摩罗什。

北大街上，鸠摩罗什寺宝相庄严，沉静肃穆。四十二岁的西域高僧鸠摩罗什，为兵峰裹挟，居武威十七年，广播佛法，驻锡之寺称鸠摩罗什寺。其后，长安城南，草堂寺里，鸠摩罗什十一年译经。说鸠摩罗什奠基了汉传佛教，不为过。灭度后，弟子奉其舌舍利安置于武威鸠摩罗什寺，特建舌舍利塔。千多年来，殿堂僧舍早非原物，独此舌舍利塔屹立不倒、根基不损。我起早来寺，静坐于塔下，似有了然。只身独行，自在到此。这一刻，身旁的鸠摩罗什、塔下的我，圆融满贯，身外无物，心中无他。

7月26日，武威—银川，东转北偏东，Z180，硬座，十一点二十三分开，十七点二十六分到。

别武威，离河西，中卫在即。十六年前我自银川汽车到中卫，纯属主人盛情款待、周到安排。这下是重走旧地，方向与方式大不同，心思更是迥异。中卫的沙坡头，一处极独特的地表形态，适成旅游胜地。黄河从兰州来，流入青铜峡之前，到沙坡头，一个弯，呈 Ω 形。黄河西岸，上天让腾格里沙漠止步，任黄河万古奔流。沙漠与黄河接壤处，公路、铁路并行。车上，右手黄河，左手沙漠，触手可及。

十六年，银川已如新城，便失去了她原有的安静、舒适。所幸，鼓楼和玉皇阁还在。冒雨前去，如探访故人般。银川鼓楼，非习见的样式，像是参酌了中卫高庙而建，又有几分藏传佛教的寺庙形态。玉皇阁也是。欣慰的是，汉代的唐徕渠依然流淌。我竟还能一眼认出来。

7月27日，银川—呼和浩特，北偏东转东，K218，八点三十五分开，十六点四十九分到。

出银川，经石嘴山，到乌海。这是沙漠中的湖，也是一座城。再到巴彦淖尔，东去包头。这不仅到了"塞外"，连鄂尔多斯都留在了南边。厦门？看来丢到天边了。

几天来日行夜宿，这一站下车最早。正好客寓之所从容沏茶，神清气爽出门。觅食？不用。踱入豪华的内蒙古饭店，用一顿安雅的简餐。访酒？要的。草原上的马既骏烈，酒能无劲？最特出的，莫过于奶酒了。顺手挑了几瓶，十六度的、三十八度的、四十二度的、五十二度的，有奶香浓郁的，有奶味清淡的，拎进京城，方便弟子们各取所宜，一并寻欢作乐。

7月28日，呼和浩特—北京，东偏南，Z316，八点开，十四点二十六分到。

沿着大青山之南向东而去。山如其名，青山。左手大青山，右手耕地连绵。很意外，更畅快。蒙元之时，华北平原几乎要变为牧场；

如今，长城之外也种粮。这是个大话题。另说。

29日，重访国子监，得见《乾隆石经》，也在无意中添了思考官学与科举、华夏官学与西方大学之异同之助。

30日，访中国国家博物馆。得见出自仙人洞的距今两万年的陶器修复原件、舞阳出土的七千年骨笛、马家窑彩陶的裸身男女合体陶器、老官台陶鹰、红山文化的玉龙、龙山文化蛋壳黑陶，等等。意外得见，有些形似青铜鼎者，也是足空，为青铜鬲，是陶鬲的后裔。

遗憾，也没有见到原本在江西省博物馆想见的最大的鬲。

7月31日，北京—徐州，南偏东，G119，十点零五分开；徐州—连云港，正东，K8379，十四点五十分开，十七点三十六分到。

高铁疾行，无话。

出徐州向东百多里，是运河由骆马湖北向枣庄一段。意外得见。难怪此前在徐州地界找不到运河。大概，徐州地界的运河，是隋代的通济渠；元代"截弯取直"，东移河道。

到了海州才知晓，其为秦代"东门"。"秦东门大街"即由此得名，别具一格。城中有孔望山，据言为孔夫子登高望海之山。夫子登临两次。不知他是否如愿观海。海州故城近于全毁，如今在复建中。城中街巷，留有七八十年代的气息。难得。

8月1日，连云港—徐州，正西，K304，十一点四十分开，十四点三十七分到；徐州—蚌埠，正南，K4983，十五点零八分开，十六点五十二分到。

停留蚌埠，纯为淮河。此时天光，正好临淮沏茶。

城西，涂山立于淮河南岸，北岸有荆山。此大禹治水之所。涂山顶有汉代始建禹王宫。宫前远望，淮水蜿蜒，地平如镜；山川亘古，朝代跌宕。禹王宫前，有石如女子端坐，号为"启母石"。夏启生于此。故而《史记》言，"夏之兴也以涂山"。

涂山脚下，今人建蚌埠闸，水闸、船闸俱在。淮河于此段，尚可航运。欣然。

此行，收于蚌埠，极好。

8月2日，蚌埠—厦门，正南，G323，十三点五十六分开，二十一点四十七分到。

江南，好风光。

水丰禾美，家园天赐。

向这护生的文明，皈依

引子

人类文明，交织着护生与向死两股力量，并存着护生与向死两种倾向。具体点儿说，守成、定静的农耕文明是护生的力量，攻取、好动的商牧文明是向死之力。几千年里，总体而言，人类文明便在这两种力量的缠结中流变，至今尚且方生方死、生死未卜。

文明之间的差异，也可看作不同文明固有而内含的护生之取向还是向死之取向。例如，华夏文明务实，深深扎根于大地，也极擅长"泥土的艺术"，对现世生活积极而乐观，更是企盼生生不息。这是护生取向的文明，遂造成西人以为的"中国没有宗教"。古埃及、古印度尚虚，无法由大地获得归属感，热衷于"身后"的世界，不免慢待了甚至否弃了实在、真切的现世生命，似为向死取向的文明。柬埔寨密林里，吴哥遗址告诉今人的正是，一种自我消解了生机的文明注定了它最终的寂灭。工业化的猛火烈焰，显然越来越摈弃"泥艺"，显然越来越"避实就虚"，无根、去地已成为当下人类生命的基本状态。

我带着这自顾自的思想，动身前行，一番感念、追思，一通拜谒、朝圣，俱在我生机满满的家园中。

第一程，厦门—芷江

即便时速三百公里的 G1684，也还需要八个多小时，才从厦门到了芷江。

芷江在雪峰山以西，紧邻云贵高原东端。这个地理位置，成就了芷江在抗战中的辉煌。

芷江依着潕阳河，也称潕水。从芷江上溯，可到贵州镇远。潕阳河上，镇远的祝圣桥当年为运送经滇缅公路而来的抗战物资不惜拆了桥面上的魁星阁，不知道是不是也有抗战器物从祝圣桥头顺潕水直下芷江。在芷江下游，潕水千百年流淌，流出座黔阳古城，也催生了著名的洪州古商城。舞阳河的故事，着实不少。单就芷江城里那座龙津桥，中空式木结构廊桥，乃"风雨桥长度第一"，如蛟龙出水；桥上还有七座桥楼，居中的主楼尤为壮观、精美。当年更是尽除美轮美奂的桥楼以便利运送战时物资，也是承受了日本人的无数次狂轰滥炸而从容横卧于潕水上。其舞于水也。许是桥头的天后宫默默地护佑着龙津桥，护佑着艰难抗战的华夏苍生。这座天后宫，当今算得内陆最大的一座妈祖庙，保存完好，其门坊青石浮雕极具艺术水准。可见这芷江当年吸引了多少崇信妈祖保生的福建商贾，可见这芷江商贸当年何其繁荣、舟行货转。

这样的芷江，抗战中既是后方又是前线，是离前线最近的后方、距后方最近的前线。芷江机场，以及著名的空军飞虎队，于抗战之作用便极为重要。后来还有中国军队依凭雪峰山与日军之湘西会战。而中国陆军总司令部，便驻扎于芷江城外、潕水北岸。

1945年8月21—23日，侵华日军代表依中华国民政府指令，前来芷江中国陆军总部，呈交侵华日军部署图并接受所安排之一应受降事宜。此即抗战史上之"芷江受降"。1947年8月，国民政府在原址上立受降纪念坊。受降坊三门四柱，上部装饰似血流如注，整体造型喻"血"字。坊上一联，乃是"我武自维扬沧海依然归禹弓，受降昭盛典神州从此靖烟尘"，出自华夏百战儒将。

犹忆时人之畅快，"八年烽火起卢沟，一纸降书出芷江"。

第二程，芷江—常德

潕水流到黔阳，得了支注，称沅江、沅水。沅江快要汇入洞庭湖时，养育出旧称"武陵"的常德。我离芷江向常德，却已无法顺沅江借水路。先火车到旧称"大庸"的张家界市，再火车转常德。张家界市在澧水上。澧水向下，在洞庭湖西侧与沅水一起，像是双手捧出一个沅澧平原。湘人说起自己家园，每每概称"湘资沅澧"，了如指掌般，如数家珍。

常德老城区中心，沅水北岸约一里地，夜色中寻到了"陆军第七十四军常德会战阵亡将士纪念坊"。1943年冬天，日军十万之众由鄂西进犯沅澧，围攻常德。师长余程万，率八千将士固守孤城。殊死战斗从城外到城内，由大街转小巷，激战满月，最后仅百余人强渡沅水突围而去，再会同友军克复常德。这一战，军威之盛，气概之强，守军赢得"虎贲八千"之誉。正面是"天地正气"四字，并"孤军浴血千秋壮，公墓埋忠万姓哀"等联。背面有联，"壮志成仁衡岳云飞思烈士，丹心卫国楚江月冷吊忠魂"。最是"冷月忠魂"，才当得坊上的"万古军表"。次日，乾坤朗朗，再来凭吊，纪念塔下鞠躬，将士墓前洒酒。转身去最后的一片战地，鸡鹅巷、兴街口、双忠街、水星楼，再寻觅将士突围的沅江渡口。

华夏史上，文教，固有"万世师表"。在艰苦卓绝的抗日战争中，忠勇将士壮志成仁、丹心卫国，成就"万古军表"，便是文武双全了。

东瀛狼奔豕突于沅澧平原时，绝想不到，其贪婪、凶悍的铁蹄，不仅侵凌安和静雅的一个族群，更践踏了人类稻作文明的一处圣地。

出常德北去百里，澧水之畔，晚近发现城头山遗址。今人看来，这是一座真正的古城，城墙高大、城河宽深，年代超过了六千年，是华夏大地上目前最早的城池。完整遗留的城墙上，从距今六千三百年的第一期到距今四千八百年的第四期，传承累积，生生不息。遗址展示了城墙剖面，标示了各城门所在，居住区、墓葬区、制陶区也各有呈现。我非常惊讶的是，制陶区在整座城中心处。之前我见早期华夏的村落或城址，也有专门的制陶区，却不在中心位置。"泥土的艺术"，在空间上居中。这非常耐人寻味。

别有滋味在东城。几十年前，西人但知水稻起源于印度。几十年来，华夏寻古，先见浙东河姆渡遗址有七千年前的大量稻米遗存，后来迭出更早的稻作遗址，在江西、湖南、广西诸地。中国南方的长江流域与珠江流域，已无疑为人类水稻栽培之源。仅澧水上，先后就有八十垱、彭头山、城头山之惊绝世人。城头山东城，赫然出现成片的、完整的稻田，带着配套灌溉沟渠，至少在六千五百年前。这大不同于只出土稻米而证明有稻作文明的遗址，足证华夏在长江中游的稻作农业其时已达到极高水准。到了距今六千年时，稻田上出现了祭坛，形制巨大。祭坛上有众多祭坑，坑内有陶器、玉器、稻谷、鹿牙、动物骨骸。这既是中国目前所见的最早祭祀遗迹之一，也该是与水稻耕作有关的祭祀。稻田并祭坛共处，形下与形上无分。

天地人神，陶土种田，俱在城头山矣。这一道遥远的意味。

待我辞别常德朝圣澧水，才得了然。七十四军，以及所有华夏军阵，在拼死守护家园时，更是履践天道正义。恰是陆军第十一师石牌保卫战前祈告苍天之辞：

堂堂之师，保卫我祖宗艰苦经营遗留吾人之土地，名正言顺，鬼伏神钦。

第三程，常德—宜昌

从湘西北到鄂西，四百里地，火车不经意就过了长江，停在江北岸的宜昌。宜昌在长江三峡最东边的西陵峡峡口，也就是在江汉平原和秦巴山地的接壤处，旧称夷陵。夷者平地，陵为山丘。宜昌，东夷西陵。

西陵峡口溯江上行，约二十里地，南岸陡峭山体竟有巨石突入江中，其面平坦，呈天然平台。古来称为石牌。迁都重庆后，中国军队沿长江布防，在石牌设置炮台，称石牌要塞，防御日军舰只逆江进犯。其时我华夏已无水上对战日寇之力，单凭地形之险力拒强敌。从石牌顺江下望，看得出来，倭舰在江上拐个弯后堪堪出现在石牌炮口，恰似俎上之肉。石牌奇险，天赐华夏。传说女娲娘娘炼过五色石，补天而遗。这块遗石，小说家把它假作宝玉，我只认定抟土造人的娘娘有意置之西陵峡南岸了，还似以纤柔之指抚平。

1943 年 5 月，日军欲进攻重庆，以夺我抗战中枢，唯长江沿线可遣狼兵。前锋之战，在破我石牌要塞；欲破石牌，必得由长江南岸山地攻袭。如此，石牌要塞保卫战，实为中日陆军山地攻防战。师长胡琏，率陆军第十一师，气贯长虹，决心至坚，誓死不渝，寸土不退，挫日军尖锐折其锋，绝倭寇凶谋灭其狠。石牌巍然，中枢无忧。十一师勇毅，媲美虎贲八千；惨烈，不亚鸡鹅小巷。在日军攻至核心阵地后，枪炮轰鸣戛然而止，刀光剑影不见硝烟。人类战史上最大规模的一场白刃战，由十一师官兵义无反顾昭示于天地，以保"祖宗艰苦经营遗留吾人之土地"。整整三小时，寂静的惨烈。一千五百名中国军魂，和手中刺刀一起，长存于长江南岸、秭归城北的这片山地上。

这片山地，如今白云缭绕、屋宇绵延，炊烟袅袅、青苗在田。依然寂静。

拜别寂静的将士们，从江边翻完两个山头，才能再沿江岸上的公路返回宜昌城里。还见得到一个轮船公司的总经理率领所属员工抢运抗战物资的场景吗？

1938 年秋的小城宜昌，不堪重负。其时全中国的航空、军工、轻重工业等关键设备都集中到了战火已经波及的宜昌，由此转运巴渝川蜀以供持久抗战。这原本至少需要一年。除了物，还有人，包含各界精英在内撤向后方的三万多人。然而，四十天后，峡江航道进入枯水期，运输极其不便。史上已为四战之地的宜昌，此际更是国运所系。

四十天里，枯水期前，是一家民营轮船公司，在付出一百多员工牺牲的代价后，奇迹般地撤退了所有人员，抢运了绝大部分物资。简直就是强运。有谓，"将军决战岂止在战场"；诚然，抗战一起，死国不辞非戎装。

这家轮船公司，名为民生公司；民生公司掌柜，卢作孚。

第四程，宜昌—成都—昆明

遥想当年，避难的华夏生民、抗战的器材物资，循人尽其才、物尽其用之理，走峡江、入巴蜀。出川的，是前后三百六十万川军，其中战死六十万；出川的，是不计其数的军粮、军服，以及其他战场所需。成都左近，有建川博物馆，记录、存留四川何以为抗战大后方，何所贡献与牺牲于国族生死存亡之际。承平之时，成都平原独一份悠闲、散淡。这般好家园，遂称"天府之国"。战火烽起，这份悠闲、散淡竟能化为凌厉的彪悍、决绝的杀气。1937 年秋出川的士兵，北越秦岭前赴太行，却只是身穿单衣，身负两斤干粮、四斤棉被，腰间仅可数的枪弹、四颗手榴弹。果真是"血渊明志、骨山拒敌"。正是那一面父老嘱咐之死字旗。

火车傍晚出宜昌，走了一夜，自东向西，越过嘉陵江、涪江，到了成都。旋即换一趟车借著名的成昆铁路去昆明，南偏西。这一程，行经苏轼故里、滑过峨眉山脚，便进入大渡河峡谷了。再贴着大凉山西边，抵邛海，顺安宁河谷地，转金沙江。这就在东段自北向南穿越了横断山脉。

横断山里的大渡河峡谷，火车就着江岸走，抬头看天，也只一点点。《中国国家地理》说横断山，"万山不许一路通"。如此高山绝谷，定然大不适宜人类居住？不，人烟真不少。半山上都有不少村庄，前后左右是庄稼地。很多时候，村庄已经在视线里消失了，田地依然在眼前。大渡河的支流尼日河流域的喜德县境内，尤其如此。隔着河谷、江水，看对岸高高的山头，明明白白是山民垦荒种粮的田地，从坡面上到山顶。恍恍然，庄稼如自己长到了山顶上，自自然然，天成般。可是，漫山禾苗青碧，果实灿灿，需要多少汗水、气力？得有怎样的耐力、韧性？谁见过这景象？谁想得到这景象？

横断山，庄稼上云端。

比起来，安宁河谷地的居民，要省许多劳作的力气，可添许多耕耘的收获。想来安宁河更能够滋润河谷的泥土，培育出更精巧的泥艺。初秋时节走过，着实一派生机。初以为，只有河谷平原地带用来耕作；渐渐发觉，庄稼在缓坡上延伸，不知不觉就到了半山坡。安宁河谷，就此立体着、饱满了。精美绝伦的大地画像。此处山深地僻，大概可以少去兵荒马乱；只要风雨基本调顺，日子便可过得安和宁静。能不叫安宁河吗？抗战时期，安宁河谷大概够得上后方的后方了。崇尚自然、喜好稼穑的陶渊明，若是来过安宁河谷，他的"桃花源"会有另外的版本吧。太史公显然对安宁河谷情有独钟。他把五帝之颛顼的故里，安在了这宁静的河谷，一个叫米易的地方。

横断山里，喜德复米易。先人如此为这一片泥土命名，究竟有多少深意？

西洞庭平原上的澧水城头山，领今人前行六千多年，去体悟华夏农耕在时间上的悠远、泥艺上的精湛；横断山里的大渡河谷和安宁河谷，需要吾人山水间千万里跋涉，身心得以因华夏农耕在空间上的辽阔、泥艺中的辛劳与坚韧而震动。华夏农耕空间上的辽阔，既是平面延展，也是向上攀缘。"泥土的艺术"顺着山势向上，将大山装饰出盎然生机。原生的华夏文明本没有塔这种平地高耸的建筑。横断山里的山峰，我当作华夏文明中天意与人力珠联璧合的"原生之塔"。它纯为尘世生命而卓立，迥异于金字塔求永久、巴别塔示通天。

第五程，昆明—腾冲

昆明向西一千两百里，到腾冲。先是火车到大理，改汽车走高速公路。这大体就是在横断山南沿从东端到了西端。

包括腾冲在内的怒江以西的神州大地，在 1942 年沦陷于东瀛，直到 1944 年中国军队强渡怒江，仰攻高黎贡山，收拾山河并进击缅甸日军。历经战火的腾冲城，比起常德、衡阳诸城，更属浴火重生，更是一座新城。这座"极边第一城"，比起其他的边城，比起所有的城市，像是更着意为国族保留战争的记忆、抗敌之勇毅。前有安葬收复腾冲阵亡将士的国殇墓园，另建陆军第一九八师收复腾冲阵亡将士纪念塔；后有滇西抗战纪念馆，再添抚慰远征游魂的中国远征军纪念广场、从缅甸迁回的部分远征将士墓。

墓园关闭时刻，辞别一应将士，天色尚早，就近去了十里处的和顺古镇。清幽洁净，小桥流水，俨然高原亦江南。实在是一处安居乐业、天人合一的舒适家园。不大的和顺古镇，因了地处边地，得风气之先，在民国初年即由当地有识之士，倡导、创建了一座图书馆，报纸杂志、古籍新书，琳琅满目，颇为壮观，也极受时人推崇。其中西建筑相得益彰，有名家题词各显丰采。这一座和顺图书馆，把边地小镇衬托得无尽风雅，使周遭山水平添了笔墨风骚。它无如耕读传家的现代版。当初一定是有意的，图书馆紧邻文昌宫而建。入镇口石牌楼，过拱桥，上到高台，迂回而至文昌宫前。这是古时的和顺，将文昌宫置于显赫位置。文昌宫前，举步拾级而上，那是不由自主地仰望文昌帝君。我识得，这一应布置，乃是将华夏崇文之心性具象了。我认定，文昌祭祀虽已不再，新式图书馆毋宁是文昌宫的转世、再生。

从腾冲返程，存了心思在潞江坝逗留。高黎贡山本是高耸，怒江却意外在此处的东岸和西岸各冲刷出两个坝子，不大不小。好似上天有意在高黎贡山的峻峭中留下安身立命的托庇之所。高处俯瞰坝子，怒江如带，高山为屏。坝子平坦，植被茂盛，田园错落村庄。回想当年，华夏与东瀛隔怒江对峙长达两年，潞江坝是最方便日军渡江进攻之据，也是中国军队五百里怒江布防之枢要所在。田园中，犹见狼奔豕突之迹；炊烟旁，尚有华夏兵锋余影。

江山多娇，英雄折腰。家园温润，涵育人伦。

第六程，腾冲—昆明—南宁

入夜时回到大理，向神州租车归还驱策于神州大地的车辆，登上夜行的火车，又一个大清早到昆明，稍稍候车，前去南宁。依然舍下新一代的高速动车组列车，在K366上慢悠悠晃荡着，早八点到晚八点。

晃着晃着，才发觉火车不时在山上跑。想起来，这是从云贵高原下到几乎滨海的地带，自然得有"从山上下来"的视觉感受了。这感受纯然偶遇，非常独特。这才是过山车。岩溶地貌中的一种，峰林，在脚下铺展开来。河流深切出峡谷，如一条条细细的地缝，也在脚下。眼尖的话还能看到地缝挂壁上的瀑布，如白绫悬下，无风自动。慢慢地，峰林像是升高了，到了正前方，一个一个的绿垛子。看的人就有些迷离了，恍惚了，不知身处尘世，还是缥缈之所。这一带，是贵州兴义，以万峰林和马岭河峡谷著称，吸引游人，更吸引户外活动的拥趸。我心驰神往的，则是马岭河畔、万峰林间的稻田。这儿的稻田，和别处不同。岩溶地区，地表不时有塌陷。千百年来，珍惜土地，就着塌陷的地表造出水田、播种水稻，远处看着，就像是地上有一个一个的旋涡，绿色的，似动非动、似静非静、不动不静、动静之间。这神奇，出自人力，极显"泥土的艺术"。这泥艺，称"八卦田"。而在兴义毗邻的云南罗平，则把这泥艺称为"螺丝田"。两种叫法，各有趣味。罗平除了螺丝田，更以油菜花著称。这是九龙瀑布所灌溉。K366 就在这一片田园上穿梭。

傍晚，抵近南宁，火车所到是隆安。广西博物馆陈列的一把最大形制的石铲，距今六千多年，即出自隆安。长两尺，宽一尺，"有短袖形对称均匀的出齿花肩，制型奇特，制作精美"。若说数量，仅隆安大龙潭单个遗址就出土了两百三十一件石铲。石铲是华夏在造出木质耒耜之前的稻作农具，用于稻田围坝、引水、翻土，堪称稻作文化的标志性文物。硕大的石铲，是否预示隆安的农耕非同凡响？

华夏于文化上追根溯源，晚近在广西境内从百色到南宁的西江流域，相继发现大量野生稻，不仅生长面积大，品种也多，基因多样性最为丰富，非此前在江西、海南所得野生稻能比。隆安是主要的野生稻区域。借助于分子对比技术而知，"分布于广西的普通野生稻与栽培稻是最近的亲缘关系，表明广西西江流域更有可能是最初的驯化地点"。自然，今人尚未足以确知这一定就是"最初的驯化地点"。以长江中下游和珠江这"两河流域"之广袤，谁说未来不是迭出新知，以更正今日所言？然而，K366沿西江下行，走的是华夏稻作农业的一片原生地域，该很让人意外而无比欣然吧？难怪八桂绿油油、米粉滑溜溜。

隆安有圣山，稻神山。古代骆越人在稻神山祭拜稻神，至今仍盛行农历六月初六祭拜的风俗。稻神山上有许多打磨的石头，形如稻谷、青蛙，恰是稻田之喻。更有稻神像，"高五米，底座长八米，鸟首人面，虽风化严重仍可清晰辨认脸部五官。神像身上，刻有四个文字符号，笔画粗犷简洁，明显带有文字初创时的特征"。在壮族的传说中，稻神称"娅王"，是鸟部落的女王。口传的稻神与眼见的稻神，正相吻合。稻神山祭祀稻神，石铲便是祭祀之器，也是虔诚供奉之物。

六千多年前，洞庭湖西的城头山、珠江流域的稻神山，华夏先民祭祀之声、祈祷之辞，虽相隔千山万水于地上，必也相应和于天宇吧？

第七程，南宁一昆仑关

南宁东北方向有大明山，呈西北一东南走向。过大明山，先后到柳州、桂林，北去便是湖南。大明山上有昆仑关，是起自秦汉的古关。

1939年，日本以号称"钢军"的第五师团，由钦州登陆，北进占据昆仑关。年底，中国军队以精锐的第五军主攻，收复昆仑关。此为抗战史上的昆仑关战役，为中日桂南会战的核心部分。与常德保卫战、石牌保卫战我军惨胜不同，昆仑关之役胜得威武，乃是中国军队对日山地攻坚战之杰作，时称昆仑关大捷。日军嚣张气焰遭受打击，我抗战所赖之西南国际物资补给线得以保全，国民志气为之振奋。第五军军长杜聿明，麾下师长郑洞国、戴安澜、廖耀湘，俱为我华夏军中翘楚、人中豪杰。尤其第二百师师长戴安澜，儒雅而骁勇，斯文却坚忍。其为中国远征军入缅之先遣战将，捐躯于异域。山河静寂，举国同哀。

战后，第五军于战地以"品"字形墓葬阵亡将士，立"陆军第五军昆仑关战役阵亡将士纪念塔"。塔身三面、尖顶，如刺刀锋冷、凌厉；塔基敦实、凝重，如磐石、山岳。惜乎，塔身略有破败而显沧桑；憾矣，塔顶青天白日徽章失色而如烟尘已逝。

晚近，纪念塔左近同为战地之处，新建昆仑关战役博物馆。何以舍"纪念馆"而名"博物馆"？博物馆者，眼见。纪念馆者，追思。馆外一片绿地，立一百一十块方尖碑，每一碑刻姓氏二，合为二百二十姓。一百一十块方尖碑分十列，每列纵立十一碑。视觉上，有如森冷、坚固之军阵，不可撼动。军阵之前，置一石牌，说明第五军阵亡将士出自方尖碑阵中的二百二十姓，以此表达哀思。"中华先烈，魂兮归来"八个大字，刻于石牌上部。字体集自颜真卿、王羲之、欧阳询、米芾。这般布置，堪为别致，可见得建此昆仑关战役馆之用心，除了"博物"二字。工作人员说，此馆设计，出自戴安澜将军长子。快哉，快哉。此亦子承父志也。

昆仑关战役馆之展示，形式多样，自不必说。有一份广西学生军的遗书，写于为日军围困于山上之际。此遗书，刀刻于青竹上，遂称"竹遗书"。书曰，"终有一天将我们的青天白日旗飘扬在富士山头"。这是临危不惧、慷慨赴难。一并陈列的，有几只战时的瓷壶。壶上之字，不仅有"抗战到底""抗战必胜"，还有"抗战建国""建国必成"。我于此驻足良久，静默。抗战初起，雷海宗、钱穆等，以史家之宏阔，凭华夏之雄厚，认定"名为抗战，实为建国"，经抗战而成"新中国"，乃是中国历史一大新篇章。数年里，我以为仅是雷、钱这般识见，方有此洞察。另有一帧照片。日军攻入北距昆仑关数十里的宾阳县城，城门上八个大字"抗战必胜，建国必成"，夹着入城的日本士兵。看来，抗战建国而有必胜之信念，为国族所坚定，乃制胜之根本。幸哉，幸哉！

我华夏军魂，效死护生；千秋伟业，江河长流。此，另释"向死而生"之奥义。正是：

一脉文采循天道

百战家园护苍生

天下无路

高速旅客列车 G531 驶离滹沱河南边的石家庄，沿华北平原西缘南去。透过车窗西望，太行山隐约而现，看不真切，又不因朦胧生出美感。这朦胧，既不是因为隔得远，也不是雨天里的烟雨蒙蒙，而是华北平原污染极为严重造成的。原本，顺太行山与之并行七八百里，实为畅快之举。它竟像是不得不从视野里退隐，我似乎比它还无奈。

这太行山颇为独特。大凡山脉都成分水岭，以此示其伟岸、硬朗。大体上为南北走向的太行山，却不时为河流切开，桑干河、滹沱河等都是自西向东穿越太行山再流过华北平原。但是，切莫因此认为这山没有力度。众山之中，大概只有太行，肯听由水流嬉戏其间。莫非它知道山水相依才成好意象？莫非它明白川流不止才有大生机？由此造就了壮观的太行山大峡谷，也便利了两千多年来太行山里行走的人们，走出著名的太行八陉。这是太行的气度。据说它较之一众名山，不以高度显其挺拔，而借横向延展的壁立、峻峭自成壮阔。地理学上，甚至可自成一种地貌，叫嶂石岩，以石家庄西南侧的赞皇县嶂石岩为典型而命名。山之高耸，令人不可攀登；太行山的横向壮阔，使人但觉不可撼动。山以其高，可成通天之意象。太行山平展如梁，不通天，却像是承托起天宇。这是太行的力度。

车行之中，我就这么与太行山既似心意相通，又像失之交臂。待向东看去，意外地心旷神怡。我这个地道的东南山地土著，每次面对地平如境、辽阔无垠的景象，总是本能地觉得新奇，再生出快意。眼前的平原，满满地覆盖了庄稼，绿得没有杂质，清新、纯净。细致看，也能看出略微的起伏。地面即如海面般。若非太行山怀里流淌的河水，哪来这一通绿？起伏的绿象，原是流动的水相吧？难怪这时候视野里的感觉，有几分江南烟雨。与松嫩平原上无际的"绿海"比，全然不同的画卷。

静静极目望远，空间转成了时间。G531 行驶的这一段，在邯郸与安阳之间，三百里。漳河的上游分了清漳河与浊漳河两支，走过太行之后合流于此。这便有了邯郸，更有了可称华夏第一都城的安阳；名气小了很多而历史上数为都城的邺城，也在这一片土地上。再向南三百里，大河当前，正是黄河东去。当初，安阳出甲骨，石破天惊；当世，于殷墟之旁专设中国文字博物馆。可以想见，这一片泥土上，除了长着庄稼，也进而生出文化，丰富、厚实。

这一刻，G531 已经以时速三百公里行驶。据说它原本可以更快。它这么将空间转瞬即逝，似乎也是把时间与文化压缩了，狠狠地压缩了，甚至不是压缩，而是抛甩，由抛甩而成舍弃。这个速度，叫风驰电掣，毫无夸张。古人在空间移动能力极为有限时，竟能造出这么生动又这么有力量感的文辞，也算神妙之事。今人几乎尽失这样的创造力了。技术层出不穷，器物五花八门，绝妙好辞、锦绣文章却只能在时间之轴上倒回去，去捡拾，才可以领略、品味。当此文俗辞鄙之世，难觅生花妙笔。说来，定然如此。键盘横行、拇指轻点，无人执笔蘸墨、撇捺成文。文辞不过交往媒介，简约为工具，只求高效。G531 便是这样的工具，宽敞、舒适、迅捷，过不多久就可以把我运载到南岳衡山，其间要穿桐柏山区，过江汉平原，越长江，溯湘江。关山已非阻隔，前路不再迢迢。何其受用的行程。

这一通行程，也着实仅仅是行程，自北向南空间移动而已。这空间移动，显然不能叫行路。我几乎不用走路。从城市中心区客居的酒店门口，上出租车去火车站，电动扶梯到候车厅，登车宽坐，再从衡山站出来，乘车去酒店。我这么轻松适意地就从一个房间到了两千多里外的另一个房间，路没走几步，力不费半分。这托福于便捷、周全、体贴入微的交通系统。真的托福？

如今，道路交织，叫路网。路网已是密布，其复杂到了只好依赖导航系统，否则简直寸步难行。路上之人，不免有几分像了提线木偶，由无形之线操纵着。一旦断线或错线，就全乱套了。为了速度，道路升高到了半空中，悬着，还层层叠叠的；或直直伸进山里，成了大地上无数的穿洞。为了更快的速度，万米高空也有了别样的路，航线，供民用客机穿梭往来。海路不仅在洋面上四通八达，甚至可以垂入海底，直至超过万米的马里亚纳海沟。诸般种种，出自钢铁器物与矿物能量携手，人类文明所不可少的路，便花样百变，全无天堑。然而，一旦路无天堑，人类或许就到了绝路。

汉字果真是有理据的，理据中含着奥妙。路，供足踏脚踩，人以步行。"路"字,正是以足表意。"步"字,甲骨文中是一前一后的双足。两足交错,人遂前行。如何能够省力气、多携带?用轮子辅助甚至代替双足,堪为不二之选,这就有了车。谁想过,为了车辆,路演化为无足之地。G531上的所有乘客,都可以随心所欲地跷起腿。猜测一下,因为直立行走而成为人的这个物种,腿脚开始退化了?说是人老腿先老。这里难道暗含了人的某种玄机?路上无足,足不够路,够不到,也不想够。想来,用"足够"表达特定的生活状态、生命意味,免于亏欠、匮乏,何其奥妙。没了"足够",文明是以露出败象?

路,原本也正好是露,露天的。人行路上,就是在阔阔天宇下,适成天、地、人之一体、连贯。后来,人类越来越依赖车辆,就是越来越用车辆把人与天、地隔离。飞机与舟船实不妨看作车辆之变形。如今即便不得不"两足交错前行"时,路也越发加了盖遮起来了。这一遮,便是蔽了天,固然不必雨淋日晒之麻烦,免去风餐露宿之苦楚,却也是与天隔开了。不露之路,不成路,不过是延伸开来的房屋。安适至极。可是,岂不已经背天弃地?

在古埃及宗教中,Atum 自我受精生出空气(Shu)和水汽(Tefnut),空气和水汽结合生了天(Nut)和地(Geb)。显然这 Nut 是具象的,更不是至高无上的。华夏文化里,天是抽象的,至高无上,谓之天道。天是一切之依据与归宿,人在天宇下,以"配天"而力求天人合一。这就是华夏的神性。所谓"神州",以"配天"而具备神性。中华的神性,不是抽离了大地的无根性,而是昭行于大地以将神圣性与世俗性融合。这是重生与护生的神圣性。华夏生民,千年、万年来足踏大地,头顶苍天,以"赞化育",以求"生生不息"。这是华夏的天道。

汉字的理据和奥妙，在"道""路"二字的参验中更为彰显。路含足，具象；道有首，抽象。足为器，指代形下；道之形上，以首指代。道、路可以同义，实也殊途。"大路朝天，各走一边"，这完全不要紧；道则该趋同，"志同道合"，成"同道中人"。

"路是人走出来的"，已成老话了，老化之话。人已不走。

人既不走，路就是绝路。

路绝，道失。

卷三　书生今古

孔门二脉，衢州派

我驻足于大成殿前，看四五十个孩子站立着，从六七岁到十一二岁，齐声诵读《论语·章句》。这是在排练。时为仲秋，临近孔夫子临世之日。国人曾有过把孔诞称为"圣诞"的，中国人的圣诞，与"西风"吹来而时下已退为时尚的"圣诞"完全不同。《现代汉语词典》列"圣诞"义项有二，首为"旧时称孔子的生日"。较真说来，以孔诞为"圣诞"更妥些。倒未必是因为那"天不生仲尼，万古如长夜"之叹，而是因为"圣"之"真身"原为人，"孔圣人"始终就是凡俗的此在世界的肉身之躯。按《孟子》上的说法，"圣而不可知之之谓神"。两相对照，"西风"吹来的"圣诞"，该改叫"神诞"才准确。

这一处孔庙，与别处大为不同。千百年来，自北京至州县的孔庙，俱为官庙，这一座却是家庙。这座家庙，又非声名赫赫、位列世界文化遗产的曲阜孔庙。这和孔门家史有关，这一族之家史甚而勾连起华夏阖族之国史。

孔门到第四十八代嫡孙衍圣公孔端友时，剧变临门。徽、钦北掳，康王南渡。辉煌的北宋王朝随开封城之瓦砾而崩析，赵官家偏安东南隅仅保衣冠半壁。其时，衍圣公孔端友奉旨自曲阜南下陪祀扬州于先，复随皇家横渡江南于后。洙泗既为狼烟笼罩，斯文难存，皇家遂赐地孔门以安居。所赐之地，乃在浙西，号为衢州。南渡孔门于衢江之畔立起府第，成孔氏南支。生者立足已毕，便思追缅祖先，随即建庙以为家祭，成此衢州孔庙，历八百余年。

　　第四十八代孔端友之下的衢州孔门，今日称为"孔氏南支"，极易惹人误解其为旁支。这原本却恰恰是孔门正宗。孔端友本以衍圣公之身扈跸向东南走避，身后再传下五代衍圣公，至南宋末年为五十三代孔洙，合为六代衍圣公。这孔洙，乃是孔门二脉的关键人物。孔洙为衍圣公时，蒙元已代南宋。元廷也行"尊孔"之举，自大都向曲阜孔氏后裔册立了衍圣公。后来，元帝得悉孔门嫡长一脉实在衢州，遂招孔洙回曲阜，受"衍圣公"之爵。相传，孔洙以祖先墓与庙俱在衢州为由，辞爵不受，由曲阜孔门中同辈的宗弟孔治承此"衍圣公"之爵。后人多以为衢州孔门自此中衰，实该两说。去爵为民的孔洙及其后人，孜孜于教育与学问，不正是以纯粹性沿承了孔门正道？如今，衢州孔庙里有一组《南渡史砖雕》，第六幅即是"孔洙让爵"。我看时便闪过念头，孔洙言"先祖庙墓在衢"也许不过托词。"先祖庙墓"固然"在衢"，却更在洙泗之畔。依他此言，更当回归始祖仲尼墓侧才是。孔洙当是谨守"华夷之辨"，不肯受爵于蒙元。于元世祖，也许不过是要做一做"尊孔"的文章，孔门中有人肯受爵于曲阜为衍圣公，足矣，未必非孔洙这虽为嫡长却已"南遁"的仲尼后裔。因着孔洙，"衍圣公"爵归曲阜，孔门嫡脉却长留衢州。

　　说来不免让人觉得隐约中的"天意"。泗水、洙水相携并流，阙里枕其上。洙泗已俨然为孔门之代称。与孔庙相傍的孔府，悬有"泗淛同源"匾额，说的正是衢州孔氏与曲阜孔门同出一源。"淛"为"浙"之异体。衢州城外的衢江，即属浙江一段。孔门后裔中，独独以"让爵"而分孔门二脉的孔洙，以洙水为名。也独独是他，以"思鲁"为字。他之拒封让爵，自是绝了归返故里之路，鲁地只得思之无以居之。

　　孔端友奉旨陪祀之时，大概是有见于金兵铁骑之强悍，行前已是料理了孔门后事。着胞弟孔端操留守祖先故地与华夏圣地，亲负孔门圣物南去。孔端友所身负孔门圣物，一为子贡居孝六年间手摹孔夫子与亓官夫人楷木像，二为唐吴道子手绘孔夫子像。长时间里，这两样孔门圣物即在衢州孔府专辟的思鲁阁上供奉。孔端友与叔父孔传另将吴道子绘像勒于石碑上，猜想是远走祖宗之地后以之寄托思乡、缅怀之情。若把这两样圣物视为孔门信物，大抵合适。"孔氏南支"虽不再比"北支"声名显赫、地位尊崇，然而得以供奉孔门信物，足以为深心里的荣耀；曲阜孔门居祖地、傍祖庙，乃是孔门根本，却缺了圣物，尤其是于先祖等如亲见的楷木像，能不时时南向遥遥拜祭？

　　曲阜孔门自蒙元起世袭衍圣公，历明、清两朝，于民国改衍圣公为承祀官。后来，末代承祀官、第七十六代孔德成去了台湾岛。早几年在曲阜孔府得知这一番世道变迁，大大感慨。20 世纪中国彻底的、全方位的革命中，文化领域，"新文化运动"之"打到孔家店"于前，"文化大革命"下孔夫子墓碑一折为二于后，足以显示中国文化由之断裂。孔门嫡系孤悬海岛，岂非中国文化断裂之另一迹象？所幸，所幸。慕名前往衢州孔庙，意外得知孔门正宗毋宁在此，心下略宽。而且，民国的承祀官已是南北并列。"北支"的承祀官去了台湾，"南支"的承祀官、第七十五代嫡长孔祥楷依然健在于衢州古城。勉强可算"孔门不逝"。

然而，果真"孔门不逝"？在大成殿前排练的，是"孔氏南支家庙管理处学童读经班"的孩子们。他们也穿了统一的服饰，女孩红底镶黄边，男孩黄底镶红边，可是看起来却少了质地，更少了庄重、典雅。这本是为纪念孔诞而诵读《论语》的呀。孩子们排练了两三遍，许多孩子诵读中显得上气不接下气，整个诵读听起来完全没有那种朗朗上口的感觉，音韵感荡然无存。从服饰到表情，从节奏到气息，这场诵读，只得说是有形无神。

要说有形无神，这一座衢州孔庙已是如此。准确地说，这不过是孔庙旧址，尚遗留些地面建筑，供有意无意、有心无心的人来拜谒、探访、参观、猎奇，并不真正具有祭祀功能了。纵然未曾"死去"，也几乎是气若游丝了。孔庙西侧原为孔府，是孔氏嫡长后裔居所，也已人去楼空多时了。思鲁阁极显冷清。孔庙与孔府，空留躯壳，无如列祖列宗再无子孙绕膝、生机盎然、生生不息。据一册厚五百五十页、凡六十万字的《孔夫子的嫡长孙们》所言，"孔氏南支"承祀官孔祥楷传下一子，居于宁波。莫非孔门绝矣？

那日偶遇比丘尼续慧法师。听其言，方知按佛陀喻示，今日之世，已然为一万年末法时代之第二个千年；在末法时代，世上仅剩一声佛号"阿弥陀佛"。这倒和西人称"上帝死了"一般。也许吧。所谓文明演进，其实是生活世界益发世俗化，超越性与神圣性由之消解。此所以夫子不祭，仲尼不继？

泗水春秋

千多年前，白居易运笔落墨，成了"汴水流，泗水流，流到瓜洲古渡头"。他万万想不到，五百年时间，汴水与泗水就无法再悠悠清流到瓜洲了。今人欲寻泗水踪迹，非得半途而废；要想轻舟汴水，更是绝无可能。古水沧桑，且从徐州说起。

徐州城里，我沿着黄河西路，从夕阳西下走到满城灯火，在耗尽脚力、饿着肚子时，总算遇到了满意的停歇之处。这个地方，地图上标明"老牌楼"，我认定该是徐州城里有说头的所在，遂以之为此番弃车徒步的目标。比起徐州城的历史，这座牌楼实在不能称老；可在快速的城市变迁里，已约两百年的牌楼，还能立着，也不妨尊它一声"老"了。老牌楼一面，书"五省通衢"，赞的是徐州城地当要冲。按今日的状况，照实说来，坐江苏而北去山东、西行河南、南下安徽，"四省通衢"。若按历史上有过"淮海省"，倒也确实是"五省通衢"；比着"九省通衢"的江城武汉，徐州的"五省通衢"自然也不算虚词。牌楼一带古时便是繁华的水运码头。然而，比起那兵家必争的惨烈、成王败寇的跌宕，"通衢"云云，无端是把徐州城说得云淡风轻了。固然，建起了"中国胡琴博物馆"的徐州，自有她的云韵风雅。这却是另说的话题了。

老牌楼的另一面，"大河前横"四个大字才是真正值得说道的。古来，"河"为专指，并非今人以之统称"河流"。今日以"江河"所通称者，古人谓之为"水"。"河水"为今日黄河，"江水"为今日长江，"淮水"为今日淮河，至于"济水"则已不见其流。"大河前横"，即是特指"河水"了。"河水"也径称"大河"。及至晚近，钱穆先生在《国史大纲》中还沿用了"大河"一词称黄河。莫非，"黄河之水天上来"，竟也流到徐州来？ 1855 年之前的七百年里，"黄河夺淮入海"，恰是流经徐州后下行至淮安而"夺淮"。徐州城里，"大河前横"者，为黄河故道。我特意筹划了时间、线路，就是为了沿着"旧黄河"走一走，以感受沧海桑田的变化、变幻。这一段河道，看来是太过安静了，不显力度；这段河道，看来有些逼仄，失了壮阔。任谁都难以置信，眼前曾经也是"大河"。

白乐天的时候，这里确实不是"大河"。推测起来，这河道，正是"汴水"。最初，它是叫"汳水"的，后来也有许多不同的名号。汴水从临近洛阳的"大河"之南，东向流经开封一带，再走到徐州。在徐州，它汇入泗水，一起"流到瓜洲古渡头"。徐州城里近年立起了带有汉阙形制的碑，刻勒"汴泗交汇"四字，并刻画徐州古城图和汴、泗古河图于其上。这算是将历史烟尘留一笔，于山川移易应一声。这一声，韩愈诗曰，"汴泗交流郡城角"；苏轼下笔，"古汴从西来，迎我向南京。东流入淮泗，送我东南行"。当年汴水入泗，大抵是在徐州城略往东。如此想来，徐州城该是枕汴水而控泗水，由此得以南下入淮、通江、达海，西溯汴水而抵开封、洛阳，逆泗水则北去鲁与齐。

这样一方水土，故事一定会有的，而且必定有趣。太史公说，秦皇于泗水捞取周鼎，欲使自己得为正统。偏偏鼎出水面而未得之际，鼎中蛟龙腾出，咬断系绳，鼎遂重又没入水中。随后，汉代的石画、像或砖画、像上，多见"泗水捞鼎"。秦皇捞鼎之处，据传在徐州北郊的秦梁洪上。泗水流经徐州，有三处激流，分为秦梁洪、百步洪、吕梁洪。京杭大运河的早期，借了泗水的这一段为运河河道，却是饱受三洪激流之累、之苦，不得不另凿河道。后来，山东境内的京杭大运河，还是很长时间里借助泗水通航的。

有趣的故事里，有明眼之人，当今戳穿了这"泗水捞鼎"不过政治把戏。玩这戏法的，大概是刘邦，属于他为自己"问鼎"做意识形态上的谋布。嬴政求鼎不得，隐喻他失德，不成正统，暴秦必亡；鼎出蛟龙，表示秦因此龙而求鼎未得，更是隐喻刘邦能从嬴秦取得正统。只是，近年徐州城建中，于黄河故道东岸上，立浮雕墙，将这"泗水捞鼎"与"潘公治黄""古道漕运"一并展示，以之为信史了。"善将将"的"刘亭长"，果然是深谋远虑，把意识形态功夫做足了，不仅成功夺得"正统"，看来也是让后人跟着玩这政治戏法越两千年。他这亭长的任职机构，就叫泗水亭，北距嬴政"捞鼎"的泗水秦梁洪不远。这个空间安排，似乎更带有隐喻性。而政治现实与意识形态之间的瓜葛，倒也实该溯泗水以探源。

从地图上查，大约属于山东西南地域上，有泗水县。细究源头，泗水发源于其境内的泉林镇。说是此地泉眼密布，谓为泉林。且当作众泉相汇合流，以"泗"示其源多，故称"泗水"。出泗水县后，泗水流经曲阜。此为春秋时鲁国都城，周公封于此，少昊葬于斯。今人若是知道曲阜，大概是因为"三孔"的孔庙、孔府、孔林。孔门一脉阖族安息的孔林，即紧邻泗水南岸。孔子墓前，原有小河流过，名为洙水，今已干涸，唯其上有桥依旧称洙水桥。仲尼之说，遂别称"洙泗之学"。史上遗下"洙泗书院"，有谓其原称"先师讲坛"。足见"洙泗"可指代"先师"。泗水流过的这一带，略略往南，是今称邹城的。亚圣孟子，便属邹城人氏。天下之孔庙大成殿里，先师孔仲尼居中坐，亚圣孟子侧立以配祀。此所谓"孔孟之道"。泗水出蒙山，以涓流而行千里。"子在川上曰，逝者如斯乎，不舍昼夜。"夫子之感叹或开悟，正是观泗水而言于岸。这泗水，就当作"孔孟之道"的具象展示吧。可惜，我两次去曲阜，都不曾去泗水岸边走走，看看那"不舍昼夜"之"逝者如斯"。

也不知道，算不算"不舍昼夜"的泗水流出个汉家王朝。泗水亭长抗秦之前，秦坑埋儒骨，秦火焚诗书。刘邦之后，"汉家自有法度，本以霸王道杂之"，甚至"汉承秦制"。如此说来，"孔孟之道"下行至"沛公之境"，其状就未必会比丧家之犬好上多少。这亭长大人就曾毫不客气溺过儒冠的。后来，居然逆转般，"罢黜百家，独尊儒术"。于是，孔门渐渐显了，孔林渐渐广了。亭长的后辈儿郎们，续了意识形态的功夫。其中要害，大概在于所尊者为"儒术"，而非"儒学"。孔孟之道便成了政治的号旗、权谋的利器。儒之式微，正在其显。这样的境况，恰似泗水具象以展示。

博学敏思的苏轼，像是预言了他之后的泗水的命运。这个原本放达、豪迈的东坡大学士，大概少有这般低吟浅唱《别徐州》的。"隋堤三月水溶溶。背归鸿，去吴中。回首彭城，清泗与淮通。寄我相思千点泪，流不到，楚江东。"今人读这一阕，也许有些费解。"隋堤"，该是指隋炀帝的通济渠。这通济渠与汴水的关系，已经很不容易说清楚了。通济渠用了汴水的一段河道，也可能后人又用了"汴河"来称呼并非自然河流的通济渠。而通济渠却并不入泗水，只是在泗州城直接入淮河。文学家的修辞，把通济渠与泗水黏到一起，也不必细究了。彭城是徐州旧称。泗水流过彭城，在今日淮安一带汇入淮河。由此经山阳渎可到瓜洲古渡头，过长江，由京口进入江南运河，堪堪可以"流到楚江东"的。只是，他那"天涯流落思无穷。既相逢，却匆匆。携手佳人，和泪折残红。为问东风余如许，春纵在，与谁同"的心思惆怅、情绪沮丧，清澈的泗水在他的心思里就万万流不到"楚江东"的湖州了。地面上的"清泗不流楚江东"，则是文学家之后几百年的事情。

在徐州人眼里，苏轼任职徐州时是抗过洪的。黄河侵入汴水，"大河前横"固然是好意象，河水泛滥却成大患。这患大到了夺淮的黄河几乎把淮河水系的下游尽毁。来自黄土高原的泥沙，沉淀、淤积，只在三四百年里，就把淮河变成了水患之河，也硬生生在淮河的一处低洼地带造出个洪泽湖来，更把繁荣历千年的水上要津泗州城淹入水底。彪悍、蛮横的黄河，先侵泗水再夺淮水。于是，徐州下游的泗水水道，数百年来就不见了，只在它原本临近淮河一带，留下泗县、泗洪、泗阳诸地名。这泗州城，是泗水流出来的风华。没了。这洪泽湖，该是黄河来袭造成的淮河与泗水共同的病变？

这情形，无如泗水绝其后。可这"绝后"，又很特别。泗水今日从曲阜下行不远，注入南四湖。南四湖是统称，自北向南，分为南阳湖、独山湖、邵阳湖、微山湖。也有以微山湖来统称这连在一起的四湖的。泗水的生命里，不是它流入了南四湖，而是黄河侵入让泗水河道淤出了这一串的湖泊。由它原初的生命形态观之，这是泗水的另一处病变。这一变，泗水是绝而未绝，还是不绝之绝，实难分辨。泗水春秋，岂非孔孟之道？儒学已是不绝之绝，或绝而未绝？

若说"泗水捞鼎"是意识形态里的人为隐喻，黄河侵泗，或许可看作文化冲突上的借喻。这可是极大的话题了，就此打住。

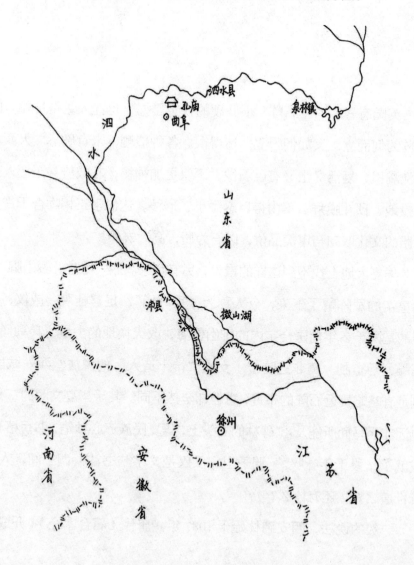

勒经以石

英国有著名的巨石阵，很坚硬的视觉震撼，也让人觉得神秘。巨石阵为何而立，又如何得立？迷得很。各种猜测，未有确解。大西洋的浩瀚里，复活岛上又有巨石像，不仅更加神秘，其威势甚至使人五体投地、顶礼膜拜，不由得自感渺小、形秽。这似乎正相吻合于古典希腊的文化取向与审美品位，以石为质，高大宏伟。

华夏大地上找不到这样的景象，另有意象。西安城外、骊山脚下，始皇帝的军阵留了下来，今人称为"兵马俑"，足够壮观、威仪，呈现的是两千多年前匡合宇内的排山倒海、改天换地的力量。兵马俑非石雕，乃土制。莫非这暗合了女娲"抟土造人"的说法？西安城里，倒是有略略接近石阵的布置，意趣却全然不同。其于华夏文明的意义，也远非兵马俑所能及。"碑林的石头上，华夏民族赤心妙笔，书写精魂，成就了一段千年咏叹。"调子里，仅仅是文字与书法？调子间，人心与世道之外，还有什么？

一般的说法，西安碑林始于1087年。唐代《石台孝经》《开成石经》移存于此，为碑林奠基之作。碑林如此起始，颇有些意味。碑林是很晚才叫的。明代别称为"碑洞"，"盖是因为碑石密集，回环幽深，有如港洞"。确实生动、形象，趣味得很。很长时间里，这些刻了字的碑石，统称为"唐石经"。这才精到、准确。比起"唐石经"，"碑林"二字不过述其形。

　　唐玄宗李隆基应该是华夏帝王中少数最有故事的，这故事又不是秦皇汉武、唐宗宋祖的武功，也未尽是"开元之治"和"长恨之歌"。单就《石台孝经》，就很可以品味了。这位皇帝，分别在722年和742年两次亲自注释《孝经》，颁行天下。后一次，刻为碑石，遂成《石台孝经》。今人见到《石台孝经》，是在碑林最显眼的位置上。古树映衬的碑林广场北侧，立着一座亭子，典雅、庄重，自有一份神气、雍容。亭上"碑林"二字，出自晚清名臣林则徐，"结构端严、笔力雄厚"，绝无愧于这一处典藏华夏文化之所。《石台孝经》就立于这一座标示碑林的亭子里。如此安排，恰当得很。碑林中独一无二的位置，给了《石台孝经》；将《石台孝经》置于碑林显赫之处，有意无意地契合了其独特意味。

　　外形上，《石台孝经》为方形石柱，由四块石碑围绕一个方形中心石柱合成。其下有三层方形石台基座，四周刻花草、兽纹。上端是方形碑首，更具匠心。这是一个与碑身吻合的盖，顶做山岳形，四面刻绘舒缓轻慢的云朵。因了这一番繁复华丽，方正沉重、体量庞大的碑，不由得轻盈起来。《石台孝经》通高六米多，每面宽一米三。四面的文字，包括皇帝作的《孝经序》,《孝经》经文与皇帝注释，皆为皇帝亲笔隶书；国子监祭酒为刻碑事所上表文及皇帝之批复，各为楷书与行草；其余数十大臣题名，楷书。"大唐开元天宝圣文神武皇帝注孝经台"十六字在额部，为太子所题，篆书。行家眼里，皇帝的隶书和行书已是"笔法精到，秀美有姿"，太子的题额却是更具水准。

这样一座《石台孝经》，显然是"国家工程"，而且是极其郑重的国家工程。多情的唐明皇，意欲何为？肯定不是拿《孝经》做研究，也不会是展示自己才学。这是一项政治告白，宣示王朝的价值取向；也是一番政治修辞，为这一任皇帝，也为前几任皇帝和未来的皇帝，谋布政治正当性。于王朝而言，这比任何武功都重要，又不能简单地视之为文治。拿今人的眼光来看，《石台孝经》几乎可以称为《开元宪法》，至少可以称为"宪法性的"。退一步，拿古巴比伦的《汉谟拉比王石柱法》来参照，纵然差异很大，《石台孝经》也可归为石柱法。这一"法"，属华夏独有的"礼法"。

话这么一说，就有些问题了，甚至有大问题。《孝经》的地位，还不足以列为五经或六经。玄宗皇帝却只立了这一"台"。大臣李阳冰当时便道，"诚愿刻石作篆，备书六经，立于明堂，为不刊之典，号曰大唐石经，使百代之后，无所损益，仰明朝之洪烈，法高代之盛事，死无恨矣"。可李阳冰终究不能"无恨"。大概，李家后来的孝子贤孙中的一位，发觉了这意识形态上的破绽，遂以《开成石经》补救。

《石台孝经》之后近百年，唐王朝将含《诗》《书》《礼》《易》《春秋》《孝经》《论语》和《尔雅》的十二经刻石刊布。时在唐文宗开成二年，称《开成石经》，凡六十五万字，陈列于最高学府国子监。这可以看作官修教科书，厘定标准文本，便利国民学习；也是释解学说义理，达成价值共识，以求长治久安。在技术层面明显体现出来这样的目的。《开成石经》的碑文格式，极方便拓印。从《石经》上拓下，将拓本分列裁剪，即可装裱成卷册，轻松阅读。而这个时间，也正是墨拓技术发达与成熟期。《开成石经》，又成了华夏早期的雕版印刷。雕石为版，迥别于后来的木质雕版，既虑其永固，也示以庄严。诸般因由，足使《开成石经》贵为碑林"最重要的藏品"。

《开成石经》历唐末战乱、金元征伐，躲过了几多人祸。明代关中大地震，《开成石经》折断有四十多块，超过三分之一。这天然之力，避无可避。虽然如此，碑林里的《开成石经》，还算完整，且另有承载。据碑林所藏明万历之《重修孔庙石经记》，地震之后，官府特意补救震损的《开成石经》。经文笔画受损的，加以复全；苔藓脏污的，为之除净；裂开或倾斜的，修理扶正；文义断缺的，稽考各种版本的经书以补正。尤其最后一项，"所补的文字刻在九十六块一百一十三面小石上，嵌置于石经旁，共五万三千字"。此为《石经补字》。这是地方官员与公立学校的师生齐心合力完成的，是明朝向七百年前的盛典与心性的追缅与礼敬。

今人见着《开成石经》《石经补字》及《石台孝经》，已是在古槐荫蔽中，滤去了天灾人祸、起伏跌宕，借着一代一代华夏先人的心血、机智、仁厚、果毅，从容和静、温润安雅，做每一个华夏后裔心中的一道文脉。

这道文脉，还该前溯。华夏勒石刊布经籍，最早是东汉的《熹平石经》。《周易》《尚书》《仪礼》《诗经》《春秋》《论语》等七种经典，因大臣蔡邕等倡议而刻石立经于京都太学。这是石碑前所未有的功能，也是石碑最深刻地参与和承载华夏的政治与文化。《熹平石经》

共四十六石，每石竖方形，加碑座通高两米多，宽约一米；全部经文二十余万字。其全为隶书，古称"一体石经"，后世称"汉石经"。蔡邕不仅为当时的著名学者，也是大书家。《熹平石经》的一部分，是蔡邕手书，益使其珍贵。《熹平石经》落成，随即黄巾之反、董卓之乱。经义堵塞，文风难行。所谓世事难料。

《熹平石经》之后不过一甲子，王朝另行刊刻石经，为《正始石经》。此时已是曹魏代汉，江山易主。《正始石经》新刊，却并非与前朝划清界限这么简单。在华夏文字流变中，秦以前的文字，甲骨文、金铭文、大篆、小篆，为古文字；入汉，隶书、楷书、行书等，为今文字。一应经典，到了汉代，就有了古文经与今文经之区别。文字不同，经学家们理解就有异，经义就出了分歧。这一分歧，可不只是学理上的差异，更成政治上的是非。《熹平石经》所刻纯为今文经，据说含有朝廷借以统一文字之意。管理与规制书写，政府如今也是不轻忽的。《正始石经》所刻《尚书》《春秋》等则为古文经。因了古文难识，遂并用古文、篆文和隶书三种字体刻石，成"三体石经"。就此，《正始石经》足可独领风骚。可惜，无存今世，唯见少量残石拓片。这竟已足够国家博物馆收藏了。曹魏将《正始石经》与《熹平石经》并立于太学讲堂，一者东侧，一者西侧。堪称一时盛况。

政治舞台，常常你未唱罢我登台。江南在衣冠南渡后一派祥和风雅，北地却是腥风血雨。斯文因此坠地，经脉为之凌乱。北魏时据守洛阳者，奉佛贬儒，轻取太学石经充为营建塔寺石料。离《正始石经》刊立三百年时，东魏政权将所余石经强由洛阳北迁新都邺城。过黄河时一部分没入河中，运到邺城的不及一半。北周时又将石经复迁回洛阳。到隋朝定都长安，石经便又舟车劳顿向关中，置于秘书监。初唐寻觅石经，却已寥寥无几。如今，《熹平石经》仅存一块残石于碑林。那一时盛况，尽随大河东去也。

这一场腥风血雨里，着实有一些蹊跷，有一些奥妙。一千五百年后的今日，明眼人似乎看出了内里的关键。为什么君王们要大费周章，将石经远徙邺城，复迁洛阳，再移长安？那是因为，"五经整合、文字一统、东汉皇权，三位一体于石经，成为非凡之象征"。其非凡，唯在其象征政权之正当性。

任何现实的政治秩序，都面对正当性问题。当今以普遍选举，实证式地获取政治正当性。政治问题变为科学问题。古时言君权神授，超验式地构造政治正当性。政治问题乃是神学问题。在华夏，则是以经义、伦理为政治正当性之依据。这是除实证的正当性与超验的正当性之外的"第三条道路"。

如今，石经退位，流韵可追？

韩祠故事

有谓国家不幸诗家幸。又谓诗家不幸诗歌幸。

韩愈一句"云横秦岭家何在？雪拥蓝关马不前"传诵千古。诗人的境遇与心绪，后人很少能体恤，甚至完全不在意。他不得不在飞雪蓝田的时候催马向前。此时他的家，不在身后的都城，在路远八千的潮州。他的心，也许要比身外的蓝田飞雪还寒凉。

一封朝奏九重天，夕贬潮州路八千。欲为圣明除弊事，肯将衰朽惜残年！云横秦岭家何在？雪拥蓝关马不前。知汝远来应有意，好收吾骨瘴江边。

不是每个文人都这般倒霉，也不是每个倒霉的文人都能够留下千古绝唱。韩愈和柳宗元，恰是其中最为典型的。《江雪》约取七字，"绝灭孤独寒江雪"，更是道尽他们这类文人在风骨之外的孤寂，因风骨而来的绝路。

韩愈的风骨，在他五十四岁兵部侍郎任上。时成德军割据今称正定的镇州，韩愈奉唐穆宗之旨前往镇州宣抚，路上穆宗恐情势深危，诏令韩愈审时度势，不必贸然。韩愈说，"止，君之仁；死，臣之义。安有受君命而滞留自顾"。毅然孤身入虎穴。成德军首领王廷凑为人酷毒，"韩愈以一介书生，深入镇州，言辞谴责，使廷凑凶焰为之收敛，其精神气势固有足多者矣"。诚哉，今人李长之品评韩愈："中国过去人文教育的最大特色是，一方面讲美，一方面讲用。前者的成就为诗人，后者的成就为治世之才。中国人在过去凡在传统的人文教育中培养的成功者，往往兼之，韩愈便是最佳的一例。他很有个性，很有感情，但同时也很能洞达实际社会情况，能善为应付。"李长之实际上指出了一类中国式文人，能融辞章、事功于一身。韩愈之后，范仲淹、辛弃疾亦堪为典范。毋宁说，这是儒者本色。与陶潜、李白这一类纯文人大不同，他们身上多见道风。

韩愈的风骨，更在他五十二岁刑部侍郎任上的《谏迎佛骨表》里，致有"夕贬潮州"的八千绝路。法门寺有佛舍利，为释迦牟尼指骨一节。唐宪宗将佛骨迎入皇宫供奉三日，致京都士庶老少效仿膜拜。韩愈担心若不禁止官民狂热，"必有断臂脔身以为供养者，伤风败俗，传笑四方"，遂向君王剀切直言。

伏以佛者，夷狄之一法耳……上古未尝有也……此时天下太平，百姓安乐寿考……汉明帝时始有佛法，明帝在位才十八年耳。其后乱亡相继，国祚不长，宋齐梁陈元魏以下事佛渐谨，年代尤促。唯梁武帝在位四十八年，前后三度舍身施佛……其后竟为侯景所逼，饿死台城，国亦寻灭。事佛求福，乃更得祸，由此观之，佛不足信亦可知矣……乞以此骨付之有司，投诸水火，永绝根本，断天下之疑，绝后代之惑，使天下之人，知大圣人所作为，出于寻常万万也。

真是"伴君如伴虎"。君威震怒，远甚于割据豪强之酷毒，韩愈几乎性命不保，扔了去南海边上任潮州刺史。唐宪宗清楚韩愈上表是忠心耿耿，却气不过韩愈言之凿凿地说事佛会命短国危，认定这是臣子咒君王。倒过来看，这正是韩愈力争以理，犯颜无惧。

比起"柳侯"柳子厚，"昌黎伯"韩愈要幸运很多，"潮州市长"只当了短短八个月，便离开了这偏远的"瘴江边"。而影响之长，竟与任职之短正相分殊。韩刺史除鳄患，放奴婢，兴学堂，助农桑，着实做到了"为官一任，造福一方"。都说潮州一地感念韩愈的恩德，河山为之易名，祭祠由以起立。我在韩祠里独坐静思，想明白这座千年沧桑的韩公祠，原不只是因为韩愈在潮州的事功，还因为韩愈融于事功中的风骨。若非他这一身风骨，这座韩公祠简直可有可无，而韩愈实也难当后人不尽景仰。

事功与风骨之外，另有玄奥，藏于韩祠。

韩愈因言致祸，远谪边陲，正是儒、释有争。佛法传东土，于华夏之文化促进与思想再造，作用甚大。这饱满的果实，是结在宋代的。雕版印刷之盛，宋明理学之成，便是。此距佛法初来已过千年。"一体儒释道"，是华夏以原生文化吸收、融合域外文化。观之于寰宇，此堪为中国历史第二期。韩愈生当佛法东来约八百年，虽有华夏僧人以中国原生文化释解佛家义理，儒、释之缝隙尚未完全弥合。韩愈的时代，华夏正是思想再造的破茧之时。在僧人，已是以儒学入佛法，渐成汉传佛教诸宗，如净土，如禅。在儒者，一面依然有辟佛之必要，一面又取佛法以补儒学。韩愈之《原道》即是含了"取佛法补儒学"的意趣。他自己认定，儒之道统，于孟子中绝，他是前承孔孟之道的。他这说法，时人或"莫之许也"，今人却是看得出来。史家陈寅恪推崇韩愈为开新局面的人物，大概在于"韩愈指出大学篇正心诚意之目的在治国平天下，与佛家治心而'外天下国家'的目标大不相同。然儒佛两家出发点相同，都注重'心'的修养。此一提示，使大学成为宋明理学家所根据之重要典籍"。韩愈因此在中国思想史上有了特出之地位，宋以后理学家尊其为先驱，认为他奠定了宋明义理之学的基础。

　　潮州祭祀韩愈，起于北宋的陈尧佐，在韩愈谏迎佛骨之后正好一百八十年。这陈尧佐，"因为议论政事忤旨，由京师开封府推官贬潮州通判"。难道"同为天涯沦落人"，陈尧佐以立韩愈祠来为自己抒怀？他治理潮州，是拿了韩愈做先贤，处处效仿；他在宋代的学术、思想氛围中，"对作为宋学源头的韩学本就十分推崇"。韩公祠，何止于潮州生民的朴素情感，岂止是贬谪官员之个人际遇，毋宁是华夏文化的具象承载。

　　陈尧佐之后，韩公祠在历代潮州官员手上如接力般，修缮、重建，正如一缕文脉，跌宕起伏，绵延不绝。这其中，苏东坡应潮州官员邀，专门撰《潮州昌黎伯韩文公庙碑记》，为韩公祠增了质地、添了华彩。如今的韩公祠里，悬有诸如"百代文宗""泰山北斗"等匾额，更有明代嘉靖年间的碑刻"功不在禹下"。这是后人应和苏东坡评断韩愈："文起八代之衰。"

若说唐代豪迈、雄阔，则宋代精美、高雅。宋人好文，推崇"韩柳文章李杜诗"。这两个命运多舛的文人，为宋人尊奉以"韩伯""柳侯"，不脱"古文运动"。这两个文学家，不仅能够自己文章传千古，更是承继前贤之铺垫，领导、推动"古文运动"而得获成功。"古文运动"，约略言之，内容上强调言之有物，更要文以载道；文体上反对从东汉到隋朝华丽不实、气象萎靡的骈体文，以能切合实际、晓畅表意。

可惜了，人们往往从文学史角度来说"古文运动"，"在古典文章的演变史上有着划时代的意义，对文学特别是文学散文的发展，也产生了直接的影响。古文所包含的不少有关形式和技巧方面的艺术经验，对文学具有普遍的意义；便于形象地描写人物和事件，也便于自由地抒情或抒情气氛的渲染，从而提高了'古文'的文学因素"。殊不知，文风乃是世风，文体实为世相。文风颓废，是世风萎靡；文体鄙陋，因世相流俗。看回今日中国，华文形神俱伤。岂不也正需要再来一场"古文运动"？

还是李长之眼尖："韩愈本人是有宗教性格的，客气一点说，他俨然是儒家的一个殉道者，不客气说，他自己就是要当一个教主的。以宗教之排他性言，尤其不能容佛。"西学东渐以来，华夏原生文化里是否有"宗教"，歧见多多。我之见，不论道教、儒教"是否真够得上宗教，华夏也着实有"教"的。其与亚伯拉罕系的犹太教—基督教迥异，也与吠陀文明中的印度教—佛教有别，不是"神"教，而是"文"教。华夏之宗教，别于他山之"教"，在其入世，在其认可尘世的生命意义。它因此重"道"，且视为"天道""天理"，故而可视之为"宗教"。华夏的文教，文章教，无如始于删修《诗经》的孔夫子。成就并领导了"古文运动"的韩愈，岂不也是"文章教教主"？他是孔夫子之后，一位中流砥柱的后继"教主"。而韩文公之祠，其形在南海潮头，其源为悠悠华夏，其韵乃文化自觉与辞章品位。

这一日，我得了从容，独坐台阶上，背后是韩愈坐像，眼见屋脊"若飞若动"，参天之树挺立，天际若有若无。

从韩公祠抬眼望去，天地一派素净。

独见临安先师庙

天下文庙，莫过于此。

刚过古雅的太和元气坊，面北，突如其来一片空阔。这空阔，不免多余，把文庙的要旨推得远远的，让人不易贴近。缓一缓心神之后，这空阔竟退去了空，将一份实像呈现出来。眼见满池荷花，花艳叶摇。荷花之后，犹如对岸处，立着古建筑，静寂、从容，透出一份别致的神秘、玄奥。其东面、西面，错落、有序的林木显出淡淡的肃穆，安闲中内敛了凝重。这便不由得将荷花旁的苍翠树木当作了前方建筑的左右两排仪仗。脚步会因之顿一顿，好将身心停下来，去体悟某种意味。从太和元气坊看过去，仿佛看到的是理想的彼岸之地，令人向往，又非遥不可及。作为华夏文化具象展现的文庙，原该如此。可别处的文庙，并不曾有这样的气象。

文庙必有泮池，又称学海。别处文庙，泮池名副其实，就是个不大的池子，半月状；学海则只可意会，借一小池水来隐喻。只有这一处文庙，今称建水文庙，泮池才可称学海。五百年前的明代，边地云南临安府，府城里文庙凿出四五十亩水面的泮池，椭圆形，东西四十丈，南北九十丈。这架势，才能造成身在此岸、心驰彼岸的感觉。这感觉，实在又不算是错觉。寻常的泮池，造一座小桥，三五步就跨过去了。临安府文庙的学海，辽阔得不便造桥，得顺"海边"在林下前行。这像是不让人前往文庙时径直而去，须侧了身，以示恭敬于先师，曲径向彼岸。辽阔的学海并不单调，不尽是满池荷花的缘故，更是海中立了思乐亭。视觉上，思乐亭极像夫子跟前的小书童。其名，出自《诗经》，"思乐泮水，薄采其芹"；其意，倡勤学、颂重教。

空间上，海中的思乐亭是点缀，衬托的是南边远处的太和元气坊、北边近处的洙泗渊源坊。均为木石结构，高达三丈的南北二坊，隔学海遥相呼应。先前的那份空阔，乃是虚实兼备。从太和元气坊北望，入眼的景象即是这洙泗渊源坊及前端左右的石牌坊"礼门""义路"所营造。"洙泗渊源"的另一面，勒"万世宗师"。站在"万世宗师"的正下方，看思乐亭的轻盈尖顶，再看远处，山峰赫然在视线上。三十多里外的这座山，既不峻峭，也不低矮，很平和地静静耸立着。视线所在的山峰，恰是它的最高峰。这山，叫焕文山。文庙所对远山，最该这么叫了。这一座洙泗渊源坊与万世宗师坊合一，不仅与太和元气坊呼应，更与焕文山遥遥呼应。而焕文山，也将它的身姿投射于学海，旧时称"焕山倒影"。尤其在农历六月二十四日火把节之夜，焕文山上的汉、彝百姓点燃火把，在山林田间行走，祈求五谷丰登。"星星点点的红色火苗，倒映在泮池中，与天上的繁星交相辉映。"焕文山很自然就成了这座文庙的一部分，而将文庙的具象空间绵延到几十里了。今人由此赞叹古人匠心独运的景观设计。何止于景观设计？这是文庙融契于天地，这是华夏以具象表达"天人合一"。

云南立庙尊孔崇文，不在唐宋，起于元，盛于明。时空并奏中，云南的文庙就颇为别致了。曲阜孔庙，棂星门其实如牌坊，各地府县文庙大抵也如此。这一道棂星门的形制，已与往常所见大不同了，待进入棂星门，更是诧异。棂星门里，西边有文昌阁，东面是魁星阁。文昌与魁星，原属道教谱系的。文庙则是儒学一系，人们也每每因庙祭而将儒学视为儒教。"儒庙"里居然也有道教神祇的存身之地？这在讲究求同存异的华夏，原也不足为怪。所拜虽异，崇文则同。民间崇文，即是立文昌阁或魁星阁以祭拜。官方祭祀与民间信仰，在临安府文庙，乃至在云南境内的所有文庙，就这么融汇了。和作为国家祭祀的官修孔庙不同，民间的文昌阁与魁星阁，常常没排场，总是一单体建筑，这也使得哪怕在一座山村里也能见到村口的文昌阁或魁星阁。在贵阳，魁星阁甚至建到城墙上。东城门上的门楼，就是一座魁星阁。在镇远，横跨潕阳河的桥面中间，立着魁星阁。文庙则断不会这么屈尊，也容不得如此屈尊。不屈尊的文庙，涵容了"不登大雅之堂"的文昌阁、魁星阁。临安府文庙，很兼容，也够混搭的。

文庙堂皇，尽显在大成殿，自不待言。临安府文庙，连接大成门与大成殿的道路，略高于地面，微微拱起，视觉效果上它就像天坛里通向祈年殿的丹陛桥，只是规模缩小、形制变更。所谓"祀孔如祀天"，在这一段不过十来丈的石砌路道上，以常人不经意的状态呈现着。这也是别处文庙不曾见的。大成殿之堂皇，意外添了一段烘托。

此处大成殿别称先师殿。惭愧得很，我孤陋而从未知晓先师殿之称。待到身临临安府文庙，才减去点儿无知，再细细想，便很喜欢这"先师殿"。"大成"，敬颂孔夫子之伟业，"天不生仲尼，万古如长夜"。大成殿之名，似乎与佛寺里的"大悲殿""大雄宝殿"如出一辙了。可文庙与佛寺之异，可谓大异其趣。"先师"，尊崇孔仲尼之身份，先于众师为之师，不待他师自为师。"万世师表"，固然也道述孔仲尼之伟业，却是将其伟业收敛于其肉身。以肉身为师，不离尘世，不为神祇。文庙里，最该有的是先师，也只需有先师。临安府文庙，看似最明白文庙的要旨。先师殿青石廊柱上方、"斯文在兹"门额之前的最显眼位置，悬挂的是"先师庙"三个大字，红底黄字、雕龙彩边。每字两米见方，大得有些不合比例，猜想是以夸张图凸显。比起"洙泗渊源"坊上方的"文庙"匾额，"先师庙"三字更华丽、庄重。如此将虔敬、肃穆恭奉于尘世之师，明白人便识得了内里所蕴含的华夏意趣，平衡、中道，融贯形下与形上。

庙里既有夫子，便不可少了学子。千多年里，公立学堂于文庙，为官方定制。京师孔庙即是太学，地方上的府、县文庙则分为府学、县学，也称学宫。这叫庙学合一，是华夏之崇文重教。庙学在空间上，有左庙右学、右庙左学、前庙后学、中庙左右学诸种排列。一庙一学多见，一庙二学不少。临安府文庙，则是一庙三学。按民国《续修建水州志》之明代临安府学宫图，州学在东，府学在西。如今还存留的是州学大门与府学大堂。另有晚明时期寄寓于此三十多年的元江府学，旧址也得以存留。若非临安府文风昌盛、教化流行，必不如此。单此一项，临安府文庙也足以于昔日睥睨一应州府文庙，在今天为华夏留一道风雅辨意蕴。

又会是何种意蕴呢？在华夏的观念里，断文识字，绝非只为彼此传情达意，而是寻究"天人之际"。文字，以及基于文字之阅读、书写，在日用常行之形而下之外，另有形而上之意涵。文字里存着宇宙天地之奥秘、人间情事之常理，这便是道。断文识字，即是通于道。学习之所，称"学宫"，隐然藏了这一层意蕴的。民间也是庙学合一，使家族子弟开蒙于宗祠、家庙这等须得虔敬、恭谦之所。《明史》有谓，"天下文庙，唯论道以列位次；阙里家庙，宜正父子以叙彝论"。所言，正是文、庙、道之通。

文庙学宫合一，夫子学子共处，便自然牵连着仓颉。在华夏的精神世界里，孔仲尼为万世师表，仓颉乃文字之祖。与先师殿于东侧相邻的，是仓圣祠，正襟危坐着"四目重光"的仓颉。既以孔仲尼为圣人，自该也将仓颉尊奉为圣。孔圣人既享"素王"之荣，仓颉也该受如"素王"之膜拜。以临安府文庙为典范，云南所有的文庙也都如此为仓颉立祠。这实在是确当之至。我依然孤陋，只在临安府文庙里才知道文庙里并立着仓圣祠。这一份陋，又似非我独孤。先前读过一些相关主题的著述，也只说到全国有几处仓颉庙、仓圣庙乃至仓颉墓，没说文庙并置以仓圣祠的。

临安府先师庙，独一份阔达与饱满。

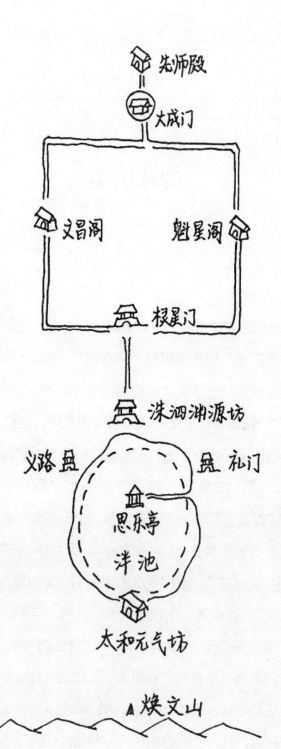

先师殿

大成门

文昌阁 魁星阁

棂星门

洙泗渊源坊

义路坐 礼门

思乐亭

泮池

太和元气坊

▲ 焕文山

碑林识字

　　素负盛名的西安碑林里，我就着闲闲的心思，置了两枚闲章。一块很普通的蓝田玉，用篆体阴刻"博雅园"。我这个淡去了专业兴趣的教书先生，越发倾力于人的教育而非知识教育，便把自己的课程、课堂当作了"博雅园"。这是有质无形的博雅园。这枚章，可以每年钤印于卡片版的《毕业颂》上，这是我专门为"博雅园"的毕业生备的毕业礼物；也可以在赠书于学生的时候盖上，提示他们人生之博雅。另一块阳刻"龙文"二字，为金文。我这个壬辰龙年出生的人，这几年接二连三地出了几本书，与学生交代几句，与同胞描述华夏人文地理等，自称其为"龙文"。而华夏汉字，原就是"龙的传人"所创、所书，更该叫"龙文"。这枚章，在我赠书予师友时，与早前受赠的"木棉树下读夫"章一并钤印，正相应和。和"博雅园"不同，"龙文"选了虎纹石。后来想，倒也巧出点趣来了。虎是女性、阴性的象征。华夏的文字，正是孕育、生成于阴性文明的时代。

　　我到访碑林，不，我拜谒碑林，带点偶然，也可以说带点无奈。好几次动念出西安城，专程往东北方向到三百里外一个叫史官镇的地方，拜谒仓颉庙。想来，因了口传历史中仓颉为黄帝史官，这地方才叫了史官镇的。口传历史中，"仓颉造字"而至"天雨粟，鬼夜哭"。在今人的观念里，"仓颉造字"不必当真，"天雨鬼哭"更不能当真。然则，古人既因口传历史而立下仓颉庙，我这个读书、写字的人，只当这仓颉庙是华夏文化一道独特的符号，走一趟，怀古、寄情，也是应当的。无所谓其为信史否。可每次动念，都不能遂愿，总像是少了点机缘。甲午马年夏日，打定主意，去不了仓颉庙，那就去碑林吧，去碑林看看从仓颉庙移来的仓颉碑。世事变幻、沧海桑田中，仓颉庙修而毁，毁而修，最古老而珍贵的遗存，其实独此东汉所立仓颉碑。见了这仓颉碑，我就当是拜谒了传说中的"文字之祖"吧。了去一桩心愿。

我显然大大简慢了碑林。数年来，因了客座西安交通大学通识导师，西安城里着实是每年客居过一些日子的，舒适、便利中几乎未曾动念去趟碑林。这一简慢，不光是简慢了有碑林的西安城，更是简慢了催生出这座碑林的华夏文明史，连带着也把自己给简慢了，简慢了一个以汉字书写的生命。

碑林所在，为孔庙旧址，其建置最早可远溯北宋，约千年了。保存至今的照壁、牌坊、泮池、棂星门、华表、戟门、碑亭、两庑等为明清建筑，循了孔庙固有的格局，堪称一处绿树掩映、古朴典雅的庭院式建筑群。我在午后步入碑林，顿觉滤去了喧闹，视野也清朗起来。仲夏里就此得了意外的凉爽、畅快。后来起意置章，不知是否与这份舒畅有关，而"博雅园"与"龙文"之选，原是心里属意已久的，竟是最适宜在此处了了心愿的。所谓机缘，这也算小小一道。

这一处碑林，如今的官方名称是"西安碑林博物馆"。博物馆三字，于碑林何止为蛇足，简直是有损斯文，乃至有辱斯文。若一定要叫个什么"馆"，也该叫"文字馆"，让人明白，看的不是物，而是文。斯"文"，乃龙文。这"龙文"，如今已是人类所拥有的文字中最有讲究的文字了。若叫了"同文馆"，也不错。上下两千年的书写，是时间上连贯的；篆、隶、楷、行、草诸体，是空间上形异而实一的。是为"同文"，同于龙文。华夏大地上，该只有西安碑林才有此时空纵横，将龙文之辽远、饱满、丰采、神韵静雅以示。

我更愿意当碑林是一座书库，一座石质书库。它有点像通常叫图书馆的处所，却显然大不同于现在的图书馆。这样的书库，人类文明史上即便不是仅见的，也肯定是不多的。若想到汉字本身之悠久，尤其它是如今唯一活着的自源文字，那么几乎可以断言，这样的书库是唯一的。书库里，我偶遇一对母子，妈妈带着小学三年级的男孩儿。我一时兴起，指着一块汉碑，问男孩儿能看懂几个字。因为繁简有异，他间断认出了几个字。虽然不成句，却也足够了。我对孩子说，"你很伟大，能够读回两千年"。孩子似乎懵懵懂懂于"读回两千年"，也没觉得自己"伟大"了。做妈妈的，却因我这个带着书卷气的陌生人的话语，大为动容。是的，西安碑林里，每个华夏后裔都该动容，十足动容。当晚，我在西安交通大学为其"国学暑期班"讲座，题为"母语与命脉"。我就从日间领三年级小学生辨认汉碑上的楷书说起，说"一个十岁的孩子可以读回两千年，这是何等壮观的文化景观。这壮观，也只有在文字史和文明史绵延不绝的华夏文化里才见得到"。

真说起来，西安碑林还只够半部的华夏文字史。这座石质书库里，能见到的最早的文字，是小篆。远早于小篆的甲骨文和金文在碑林里是见不到的。当然，见到的话，这就不是碑林了。华夏文化里，碑者，书之于石而立之。甲骨文和金文各有载体，与石无关，遂不必也不宜典藏于碑林。就算把华夏文字史前溯到甲骨文时代，也还不是全部。举世公认，甲骨文已是成熟、完善的文字了。华夏文化史到了殷商的甲骨文时期，已如一个人到了成年期，这之前他无疑经历了很长乃至漫长的生长期。依事理推论，一定有与安阳甲骨文相衔接的文字存在于华夏文明史上。只可惜，今天还见不到比安阳所出甲骨文更早的文字。例如，早商的文字何在？青铜时代中更早一点的夏，也必有文字，又何在？在甲骨文之前至少另有一个与甲骨文距今的三千多年相当的文字生成期，其情形何所知之？这么想着，虽说十岁孩子"读回两千年"足称壮观，我还是在碑林里生出关于自家文字史的遗憾来，总觉得自己的血脉没能续全。

我失落的血脉，那些早于甲骨文的龙文，在哪儿？

殷墟以甲骨文和青铜器惊绝世人之后，近百年里，华夏文化血脉之溯源，迭出新章。就华夏文字史，似也与"仓颉造字"相合。口传的黄帝与仓颉的时代，若以距今约五千年计，为华夏进入冶金时代之前的陶器时代。这个时期的陶器上，不仅有人像、纹线、图形等，也有符号。有人称之为陶符，固为得当，也有人以之为陶文，似更精到。自碑林南出西安城，就近的半坡遗址，为陶器时代的仰韶文化的代表，时间尚早于"黄帝时代"约千年。半坡彩陶上就留着数十个陶符或陶文。几千年的陶器时代里，陶文或为华夏文字的胚胎，或为渐渐成熟之文字，慧眼的古文字学者常常能够发现其与甲骨文之间的一致、承沿。然而，陶器终究不专用为文字之载体，别于甲骨、石碑。陶器时代的先人，想来只是出于特定目的才在陶器上"写字"，为偶尔之举。陶文遂一鳞半爪地神龙般见首不见尾于后人。今人徒唤奈何矣，恨不能起陶人于地下，拜求赐教、释疑。

纵然如此，龙文至今，历数千年，一脉相承，当为不刊之论。则我龙文，乃人类今日唯一得以保留了文化基因的文字，也为一定之论。

离开碑林前，我异常惊喜于一册《转换异构——汉字起源论》。其为作者"汉字文化丛书"之一。西安古城里的耄耋老人，驱衰弱病疾之躯，自担起文化使命，独辟蹊径，钩稽幽微，力陈文字与文化之内在关联，呕沥前溯至陶器时代查探汉字起源。书中有言，"如果说汉字是中华民族之圣迹，那么'卑'就是圣迹之集中体现……'卑'满可以作为汉字的终身代言人而千古祭奇，万古品美"。

这不，巧嘛。碑者，石质之"卑"，以石为"卑"。是为碑林。

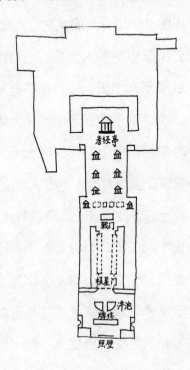

汉字，华夏的信仰

史官镇上有座仓颉庙，地当关中平原与黄土高原接壤处，东去黄河百多里，北距黄帝陵也是百多里。

传说，仓颉是黄帝史官。想来，史官镇因此得名。其相距黄帝陵不远，隐约暗示传说并非空穴之风。当然，如今几乎完全无从确证了。巧的是，史官镇向东濒临黄河处，正是太史公司马迁故里，其墓、其祠，坐落于河滨高冈上。这足以确证。同样可以确定的是，史官非得识字，否则无以录史。史官不仅得识字，还一定是极善为文者，乃至为其中翘楚。《史记》即是"无韵之离骚"。史官仓颉，可不是一般的识字，而是造字。当然，这也是传说。传说中，黄帝时代，有许多重大乃至关键的发明，例如有车正造车，又有黄帝之妻嫘母发明了养蚕，"乃作衣裳"。这些，也正好和华夏心灵里的"五千年文明史"相一致。所以确证与否，倒也不要紧。这一番心思，要紧的是精神绵延、情感寄托。

传说中，不仅仓颉造了字，而且造字有成，便是"天雨粟，鬼夜哭"。他这便有了惊天动地泣鬼神之能。了不得。后人为这了不得的仓颉立庙，再自然不过的了。史官镇仓颉庙，始建至少不晚于东汉，近两千年了。如今所知道的仓颉庙最早的遗存，是仓颉庙碑，为东汉熹平年间勒立。仓颉与西汉的司马迁空间上相距不远而粗略可视为"乡党"。时间上，东汉熹平年间仓颉庙碑与《熹平石经》相携面世，这除了巧合，是否有某种无形的元素起了作用？

博识之士发现，仓颉的墓地，华夏大地上有几处。山东的寿光、东阿，河南的开封、南乐，都有仓颉墓。最著名的就数陕西白水县史官镇。于此，明白人自也说了个清楚，"所有的仓颉墓都是后人根据传说建造的，大概谁都不会置疑。没有人要去弄个水落石出，也没有人要辨个真假"。或许，正是华夏文化中某种无形的元素，化作了几处有形的"仓颉墓"。而这，又像是无言地告诉华夏后人，关于华夏的文字，是有某些密码的，留与我们意会。

东汉熹平六年所立仓颉庙碑，述仓颉其人"四目重光"，其造字乃"为百王作宪"。这伟力，全不亚于"天雨粟，鬼夜哭"了。"为百王作宪"，直接的意思是厘定制度、法则，这才有可能群居而共同生活。是为社会。仓颉并非王，如何能凌驾其上而"为百王作宪"？奥妙在"宪"字。"宪"是简体，繁体为"憲"，算是四字合一。宝盖头指屋宇；丰是契之简省，"指契刻的齿痕，代文字"；最下面是心，意思明白得很；心和丰之间，尚有"目"横写。"憲"的语义，必定：书写乃至创作文字；不只是用手，更是用眼、用心，为形上之作，非形下之劳；此在屋宇之中，不在户外，户外则野。可见，"为百王作宪"的初始本义，乃是"为百王造文字"。拿后来的"至圣先师"孔夫子尊享"素王"之名号与地位来比照，"为百王作宪"的仓颉，也该是"素王"，实在是先于孔夫子的华夏第一位素王。孔夫子自承不过"述而不作"，则仓颉又该算比孔夫子更重要的素王。真说起来，孔夫子之后六百年，《说文解字》的许慎，该是有史可稽、确实凿凿的"字圣"、素王。清代将他配祀孔庙，实在应该，甚至都还是大有委屈的。

那么，"为百王造文字"，如何就能"为百王作宪"？易言之，社会中之法则，型构秩序、诉求正义，如何原发于文字？奥妙在"四目重光"。说仓颉长了四个眼睛，自然是神化了这个传说中的"字祖"。仓颉庙里的仓颉像，正就是四目造型。可为什么没有让仓颉长出"四手"来？要说，写字是用手的呀。救苦救难的观世音菩萨，就常常是千手形象的，因了世间的苦难太多了，非千手不足以慈悲为怀地"拔苦"。以"四目"神化仓颉，终究是另有独特理据的。公认文字是视觉符号。以"四目"突出文字创造者的视觉特性，再没有其他方式更恰当了吧？这还不够。另做猜测。或许能意会华夏文字与华夏文化的密码。

比常人多了两眼，莫非隐喻仓颉开了天眼？天眼一开，便见人之所未见，识人之所难识。此所以百王也得甘拜下风、莫与争锋。"天眼一开"，莫非隐喻文字的创造与洞悉天地奥秘相关联？这么一想，仓颉果有其人否，文字果其所创乎，就一点都不重要了。"为百王作宪"，也全然可以无关史实了，只需当作一道信念。

文字固然是人际媒介，却不仅仅是人的工具。文字的媒介功能与工具属性，是文字最浅表的，也是文字后起的。最初的文字，本不"传你我情意"，唯在"究天人之际"。最初，人彼此之间传情达意，用的是言语。言语固有的自然局限，尚不足以在早期就让人费力去发明文字。文字的功能在另外的地方，远比传情达意来得重要。文字最初是因为人于宇宙天地、人间情事有所理解而产生的。至少，华夏可以坚信，汉字是这么来的。在漫长的岁月里，华夏先民观天察地、远取诸物、近取诸身，渐渐用笔画、图形记录下来所理解之宇宙天地、人间情事。其最初的动因，或许是因为察觉宇宙天地、人间情事的恢宏或精微、神秘或圣洁，而以虔敬之心相应表达；或许是要把这一份即时的、刹那的体验、领悟，保存下来，不使遗忘。于前者，是人与天地的关系，是人融契于宇宙天地；于后者，是人与自身的关系，亦即即时之我与未来之我的关系，是人借由记录使过去、现在、将来连贯。许慎说得精到，文字是"前人所以垂后，后人所以识古"。他还说，文字是"经艺之本，王政之始"。想来，许慎所在的东汉，是真的认定仓颉"为百王作宪"的。

公认汉字是人类在今日唯一的表意文字。只说汉字是表意文字太不够了。在怎么写的形、如何读的音、怎样用的义之外，与形、音、义并列而比之更为重要的是汉字构形、拼音、含义的理据。汉字的真正独特性，在于她的理据。这理据，来自宇宙天地、人间情事。

举点例子吧。太阳是古人最容易也最能够直接察知的。"日"的最初写法是圈中一点，甲骨文和金铭文就如此，简直是写实的手法；小篆把圈化为略长的方形，把点变成横，楷书沿之。"旦"则是日出，谓一天里的晨，形象为日在横线上。与晨相对的是昏，甲骨文的写法是上部为人形、日在下，意为太阳落到人手以下。晨、昏，以日的位置之上、下具象地表达出来。阳，是日在山丘。与阳相对的是阴，用的是与日相对的月。也可以另外理解。阳是白天，有日；阴是太阳下山后的夜间，以月表示。阴阳观念于华夏文化至关紧要，小到日常生活、家庭和睦，大到政治秩序、文明兴衰。而阴阳交替、相推，既是具象的，又是抽象的；既是自然的，又是人事的。太阳下山的黄昏，是阳往阴来。而古人理解男女的奥秘，也是阳往阴来。故而，昏就由自然之理解延伸为人事之表达，后来加"女"旁，为婚。

说到人事，甲骨文里，"不"的字形是倒三角形下引出三条线。初始，正三角形代表男性，倒三角形表示女性，形象、直观。倒三角形下的三条线，表示女性之月事。后来倒三角形简化为一横在上，写成"不"。由月事表示女性不宜与男性交合，不在繁衍状态，所以"不"的含义是拒绝、否定、反对、排斥。这一道理据，就叫作"近取诸身"。也有"远取诸物"的。独与群，表示人的两种状态，正相反。"独"以"犬"为旁，"群"取"羊"为旁，盖犬喜独而羊善群。

汉字源出先人理解外在的天地玄黄、宇宙洪荒，她就必定是宏阔的、辽远的；汉字关乎先人感受自己的身体心理、起居劳动，她就自然是温润的、柔软的。所以会有诗经楚辞、唐诗宋词。西方学界在数十年前也发现了，汉字是最适合诗歌的文字。西汉扬雄在《法言》中即言中肯綮，"言者，心之声；文者，心之画"。易言之，汉字，其本就是发乎心而抒其情。这和西方文化自亚里士多德起所认定的言、文关系大为不同。两千多年来，西方文化里只把文字作为言语的载体与工具，以之为"符号的符号"，无视、否认文字区别于并独立于口语。究其因由，唯在希腊字母仅仅为拼音文字与外源文字。

不例外地，古典希腊也理解着天地玄黄、宇宙洪荒。不同的是，亚里士多德的逻辑学，会同毕达哥拉斯的数的观念、德谟克利特的原子论，铺垫了后来实证的自然科学。宇宙、人事抽象为真知。科学之外，另一种理解天地宇宙、人间情事，是为宗教。宗教以玄幻营造人的信仰，信的是神。西方的科学，恰也不由自主地将真知如神般供奉。科学是信仰的另一展示，置真理于至高无上，倡导为科学而献身。华夏文化，不可简单地类比于科学、宗教。毋宁说，华夏不是用科学或宗教来表达宇宙天地、人间情事。华夏将宇宙天地、人间情事化约于笔画间，蕴藏在文字中。文字，适成华夏之信仰。

正因为文字关乎信仰，所以造字的仓颉，得了礼敬乃至膜拜。在造神盛行的宋代，胥吏以造字的仓颉为祖师爷而尊其为"仓王"，并举办"赛神会"，在祭祀活动中酬谢、报答神灵。盖因胥吏从事文书工作，抄抄写写，靠了文字谋生。一笔一字万一出错，绝非担当得起，遂恭求"仓王"庇佑。职业中的战战兢兢，演绎为对"字祖"的恭恭敬敬。

而一般的书生，对文字的恭谦与敬畏，显出其超功利的一面。看看，这是一幅怎样的画面。

身着蓝布大褂的落魄书生，手拿钩子篓子沿村收集字纸，把塞在砖墙缝中的字纸钩出来，把散落在地面上的字纸捡起来，然后送到焚字炉中火化。他的信念是什么？不求任何回报，是行善积德呢，还是文字崇拜？

古时，普通的华夏后裔，总是受着惜文敬字的教育。不能脚踩有字的纸，不能用有字的纸包裹东西，不妥善处理字纸，"轻则会读不好书，重则会瞎眼"，足够吓着人的了。乡村普遍存在的焚字炉，即由此而来。有些地方，民间组织有"惜字会"，负责捡拾、收集废弃字纸，择良辰吉日行礼祭奠，再行点火焚化。在清代同治年间，上海官方还特意制定了《惜字章程》。而此前的康熙、雍正皇帝，都有过惩戒简慢、亵渎字纸的训令。

《中国国家地理》曾就此做了个专题。

一种叫字库的塔形建筑在中国南方极为流行。这是古代焚烧字纸的古塔，其外形仿佛塔造型。如今，在中国南方的荒野田畴，还存有两百多座清代字库塔，如同一位位风烛残年的老人，讲述着古代中国敬惜字纸的传统，以及对文字的敬畏。

这便是华夏的崇文传统。内里，除了以文字为信仰，安能有它？

然而，百多年来，"师夷长技"之后、废除科举以降，汉字几经劫难、九死一生、方生方死。今人还存有一丝情怀于汉字？

世上有一样物事，也是三合一的。她是母亲，令人心生归宿、慰藉；她是情人，使人爱恋、沉湎；她是女儿，着人奋力去守她的清澈、纯净。

于我，她便是汉字。

莫干山下，书之德，人乃清

莫皋坞里，我从主人简易的书架上取了本书，在二楼露台坐定。眼前山坡满是竹子，触手可及。主人家取了"见山庐"为名，应景。竹下传来水声，几分强劲，大不同于寻常山涧轻微、柔细。那是溪流与山石对话，带着从山里扑出来的率真、坦然，以其无形应和涧底山石之无定形。向右侧抬眼，近山顶处现出几栋老式别墅。这是著名的莫干山洋房，有的已列为国家重点文物了。左手东望，视线下行，清晰可见水网密布，这是杭嘉湖平原西缘，县名德清。这时候，最该闲闲读书、读读闲书。手上这一册，讲故事，无关知识；说历史，无关现实。算得闲书了。可又着实不闲。《南渡北归》里，民国那一辈的学术大师人生之跌宕无常与谢幕苍凉，岳南细细道来，言必有据，论求中肯。这厚厚的一册，虽无知识，却是另一样的学术史，让人不舍错过；不及现实，又总是勾人将思绪延至当下，难以释怀。

这个午后闲读，有前缘的。德清县图书馆近年来设了"春晖大讲坛"，名出孟郊"谁言寸草心，报得三春晖"。这位盛唐的大诗人，正

152

是这儿的青山碧水滋养的。我很荣幸地得到完全的信任，荣耀地前来续一续"春晖大讲坛"。它已有十八讲了。来了作家蒋子龙、刘醒龙，也来了艺术家；素负盛名的自由撰稿人傅国涌来了，年轻的语文教育家郭初阳也来了；著名学者葛剑雄、杨天石来了，新生代的海归学者也来了。精彩纷呈的主题，从民国教育到转基因工程，从语文教学改革到数据化生活，琳琅满目。人文荟萃，场面盛大。我之前不多久，来的是八十六岁高龄的资中筠先生。我在她老人家的余韵里，和即将开学的大学新生老生、尚在备考的高中生、家长和老师们，说说"大学与人生"这一话题。邀我前来的馆长慎君容我任选讲题。后来得知，他有个念头，图书馆里办个活动，为大学新生送行。"大学与人生"的话题，正与他的念头为无谋之合。我因此多了点安心。

我在九十分钟的轻声慢语后落下话音。该是我听听席中诸君的意见了。半小时的提问与交流，非常活跃。也许连搭起这座讲坛的慎君都略微意外。正在上大学的、即将上大学的、尚在备考中的，以及一些家长、老师，各将真知实感坦诚道来。间中另有听众之间的相互应和、讨论。一个同学还非常坦率地指出他完全不同意我的某个说法。有点可惜的是，慎君顾虑累着我这客人，没让提问与交流更充分和尽兴些。

冥冥中像是天意借人心来弥补我的遗憾。隔日，我收到邮件。一位母亲，领着读大一的儿子来听。她说到，席中她时时对我颔首，会心微笑，"那是自然的共鸣和碰撞，一方面来自你全新的滋养，让我印象极其深刻，另一方面来自似曾相识的声音，那是儿子对我的教育和灌输，居然能和你的思想不谋而合，于是，我的收获和欣喜都是双倍的"。她问儿子对讲座的看法，这位大一的学生评价我所讲的"还是偏常识性的"，而他更喜欢"从一个源导出结论"的东西，因为他坚信"只要掌握几个真理和规律，万物都是相通的"。这让我相当意外，果然是"后生可畏"，而这一方文脉悠长、文韵浓郁的土地上的后生尤为可畏。这位母亲还说到，我的讲座使她有了"对儿子发自内心的认可。我真心欣慰，为大一的儿能有这样的眼界、悟性及保持谦卑上进的心"。她感谢我的讲座使她对儿子有"思想源头上的、骨子里摧毁不了的信任"，感谢我让她看到"和儿子共同守护的纯净理想的意义和价值"。她的落款，在自己的名字前独出心裁地加了"许多母亲"四字。我一见之下，几乎是她的邮件中最具视觉冲击的字眼。我回复"这位母亲"：这样一个妈妈，让人很敬重，也欣慰你们母子连心；落款的"许多母亲"，则是对我这样一个教书先生最大的褒奖。

离开德清前夜，中国式的"最后晚餐"是吴君特意为我饯行的。此时，尚未隐入莫干山的夕阳，竟是玫瑰色，真真当得"惊艳"二字。美景佳人中，我说与诸君，德清之行，我如归故里。不仅已相处数日的慎君、朱君、吴君足称解人，餐叙而初见的诸君也似故人。这般如归故里的感觉，自也生发于用邮件与我唱和的母子，以及其他许许多多的听众。若就行止上言，我于德清，非一般之过客，而是"驻"。德清图书馆特设"驻馆作家·教授"，我荣幸地成为第四位，随蒋子龙、刘醒龙、资中筠之后。这一"驻"，遂得身心之静，静在莫干山下、下诸湖畔。

"驻馆"仪式那日，慎君亲自前来为我领路。行近，很容易就发现德清图书馆馆舍极像一册平放的硬皮本精装书，书脊带着点弧度朝西，书口向东。这让我觉得有趣。图书馆的正门在东侧，恰是书的开口。这添了趣。进入门厅，宽敞明亮。慎君提示我注意电子显示屏，我才知道我是这一天里第两千多少位读者。慎君这个图书馆管理的行家，很为他的读者量自豪。大致了解了馆里的空间、布置、设施之后，我想象得出读者在馆里的安然、舒适。外面的寒暑与喧闹足以隔开，尘世的浮躁与势利暂且撇下，静静地与书为伴一段时光。馆里还特设了一个阅览区，读者需要将手机等一应现代技术交给管理员，心无旁骛地阅读。这世界便因此简约了，而心思也得以纯粹。

这样一座图书馆，大概最接近甚至完全能够到达高雅阅读的境界。那是和悬梁刺股的苦读完全不同的。悬梁刺股之读，无趣，唯在功利。人的精神世界里，只能在有限的时候这么做，也不足以总是倡导这么读。悬梁刺股之读，更难称高贵阅读，那是狠读。读而狠，或许是于无意中含了某些恨。这大抵有几分悖逆阅读之意趣，乃至悖了人类符号创造之原旨。读书之人，务必在苦读、狠读之外，为高雅、高贵之阅读。这份高雅、高贵，不独在环境，不只在方式，更在阅读之心境与心思。

爱因斯坦有精辟之言：在个人经验的狭窄范围里，一个人难以获得生命所必需的安定与宁静。在我的理解中，他言下之意，乃是只有进入科学、艺术、文学、历史、宗教诸领域，才能够超越个人经验之有限性，内心方可安定、宁静。而科学、艺术、宗教诸般，正是德人卡西尔《人论》所言人类的符号世界，亦即人类的精神世界。这是比理性更能够使人成为人的关键所在。而这符号世界于人类文明之意义，法国人班达见解独到。班达以为，人类文明有一矛盾状态，一方面人类生活事实上没有消除邪恶与悲剧，另一方面人类在精神世界里绝不崇尚恶行。这正是符号活动的伟大意义。易言之也是书籍的伟大意义，可谓书本明德。此所以前人赞叹，"天不生仲尼，万古如长夜"。

单就高雅、高贵之阅读，德清图书馆未必独领风骚。在我眼里，它实不止于图书馆。几乎所有的大学，图书馆不过学校之一部分。而德清图书馆，在我的感受里，已是整一座学校了。它不光供人读书，还供人听课，听的是有气势、有格调的"春晖大讲坛"。寻常图书馆只有读者，德清图书馆还有学生，少长咸集，并且为即将外出深造的学子送别与祝福。单此一道，即可睥睨同侪。它还做研究。馆中设有地方文献室，于乡土的文史、风物爬梳遗佚、钩稽幽微。我更为惊讶的是，大学图书馆未必馆藏的《四库全书》，此处完整典藏的是20世纪80年代上海古籍出版社的版本。《四库全书》有数十册系史上德清人士所著，图书馆起意汇集、校勘，陆续付梓。它这是在保存文化、传承文脉。

从见山庐转到莫干山上，偶遇极为风雅之事。台湾的韦先生在山上的白云咖啡馆留言。他为父亲生前存书专程"寻找安身地，找遍南京、大理、贵阳、天津，都难有梦中感觉之所在"。而意外"南京走错方向，莫名其妙到了莫干山，山回路转浮出惊山画面。书的家似乎在此了"。韦家这万册繁体版图书，含佛学、文学、历史、中医、诗词、经文，韦先生诚盼有机缘落户莫干山，"属于中国人的文化精神，希望有场所继续给年轻一代看下去"。如此，再不铸剑的莫干山，也许就机缘巧合而转身为"书庐"了。在我这德清的客人看来，此堪为韦家之幸，心愿可遂；也是德清史上文风流韵，得以远徕知音，泽惠后人。

想起上山前应主人之嘱为见山庐留言：

书本明德人乃清

庐可见山心遂静

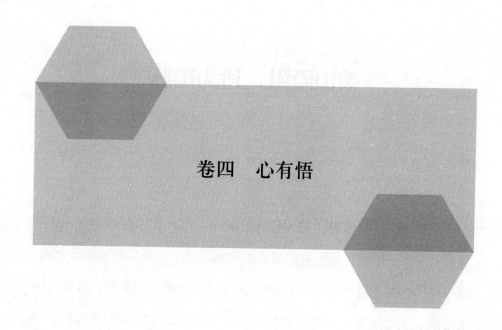

卷四　心有悟

关山险阻，适为国脉

太阳下山了，盛夏里的天色又好起来。汉水北岸静静坐着，远眺群山。一层一层的，是见过的最富层次的山势，有无尽的意味含蓄着。这一片山，并不高峻，也不刚劲，淡淡地静立着、铺展开，极像一幅水墨画。水墨画显然孕育于自然山水，更是中国文化向山水致敬，并与之融契。群山逶迤，暮色里竟是婀娜灵逸，呈现的是阴柔之美。这使眼前这一脉山，大异他山。这山，更像女性的，既非南面贡嘎山高耸、雄奇，也非北边太行山壮阔、绝峭。

翻过眼前群山，是嘉陵江。渡过嘉陵江，便到了四川盆地。自玉垒山凿开、宝瓶口激流，成都平原便是沃野富饶、安居乐业，遂成天府之国。可这天府之国，很像遗世独立而怡然自得。眼前这一道山脉，便如天府之国的天赐屏障，在东北向既将成都平原与外界疏隔了，也将成都平原拱护着。守了天府之国的这一道山脉，堪堪叫作米仓山，直似把成都平原当作米仓了。

八十年前，东瀛来犯。东瀛固然犯不到巴蜀，却瞬间将华夏东部半壁沦陷。天府之国一面为抗战之大后方，倾力供应粮食、布匹等军需，一面遣川军为国难前赴后继铁血抗击，长眠疆场六十万。前后出川的将士，更多达三百六十万。他们或北上，与太行共巍峨；或东进，于江淮咏长歌。北上的川军将士，那个年代，是沿米仓山中的古道米仓道或金牛道而来的吧？渡汉水，于我此时置身之处，北越秦岭向太行？

秦岭不易翻越。否则，何来"蜀道之难难于上青天"之叹？在今人眼里，关山不成险阻，只因手上有钢铁之器与矿物能量。两千年来，古人如何使秦岭可以行步甚至驾车？答曰，栈道。

这天大早，出汉中城，向北四十里，便到了史上著名的褒斜道。唐代以后，很写意地叫了它连云栈道。早在西周，古人即寻思如何使巴蜀与秦塞"通人烟"，渐渐就有了借势秦岭山谷的若干古道，陈仓道、傥骆道、子午道等便是，褒斜道则是其中最负盛名也最为紧要的秦岭古道。近五百里长的褒斜道，其凿建始于战国，历代修而毁、毁而修，时通时塞，通、塞交替。这条褒斜道，北起秦岭北麓的斜谷口，南至秦岭南麓的褒谷口，借了秦岭山势。说是能够连接褒谷与斜谷的山脊在秦岭各条古道中最为低矮。如此，走褒斜道来往于关中与巴蜀，少了点儿攀爬，便是最省气力的。要说也奇巧。太白山是秦岭最高峰，海拔超过了三千米。古人因其终年积雪皑皑而谓之"太白"。几条秦岭古道中，最低矮的褒斜道却恰恰最靠近太白山。这高低反差，天然错落，是山川的节奏，也由以让生民一抒情怀，演绎生命的节奏。

今人往顾华夏交通史，断言栈道是能够与大运河并列为中国古代之杰出创造者。此言确然。只是，大运河声名赫赫，也能身列世界文化遗产，甚至有的河段至今舟楫往来，依然活着；而古栈道，长江上的也罢，秦岭里的也好，大都仅余栈孔，不见梁木。在我的心思里，完整的栈道，无如"旱桥"。桥者，临水济涉；栈道者，遇山攀越。其用一，其形似。在整个人类交通史上，"旱桥"栈道也许早于水上之桥？猜测，水上可以行舟，不至于把人逼去造桥。无舟行之便，才逼出栈道来。后来把"旱桥"造进水里，材质则改为石料等，遂得以留下了安济桥、卢沟桥、洛阳桥一应古石桥，也是声名赫赫。而如今的铁路与公路，每每用了高架桥，不过是古栈道之后裔。

秦岭古道借秦岭山势，也可以说是借秦岭水势，顺河道架栈道。秦岭将华夏分了南北，最直观的感受是，秦岭以北水向黄河流，秦岭之南水入长江去。在汉中城西流入汉水的，是褒河，正发源于太白山。褒谷口南侧的平地上，如今还留有褒国城墙，褒城还作为地名沿用着。传说一笑倾国的女子褒姒就是在褒河边长大的。她北去渭河畔，身入王宫中，纤足所踏，就是最初的褒斜道？未必。这小女子之前，周昭王南征荆楚，也许就是经褒河入汉水。只是，周昭王连荆楚的门都没挨到，即已溺亡汉水，西周国势为之一顿。想来，这褒河是多有故事的。否则也不足以得名为"山河水"了。萧何、曹参随刘邦"蛰居"汉中时，在褒谷口特意修了河堰，彼时就叫山河堰，也叫萧曹堰。湮灭在历史烟尘中了。论到江河的名号，大河、长江都未见得比"山河水"更气派。

"山河水"的气势固然大，给人类带来的行走的麻烦好像更大。这一端大麻烦，考较起华夏的心智，磨砺着生民之手足。褒河到了七盘山下，绝壁所阻。褒斜道不得不盘旋上七盘山，累死行人不说，耽误多少军国大事？到了距今近两千年的东汉永平年间，绝壁上凿通隧道，名为石门。极为精准、生动。石门大体上为南北向，长十五点七五米，东壁十六点五米，西壁十五米；北道口高三点七五米，宽四点一米；南道口高三点四五米，宽四点七米。"隧道内无斧凿痕迹，岩石表面平顺"，依清人记载，隧道似以火烧而水激或醋激后敲击而成。大致与李冰凿开都江堰宝瓶口"异曲同工"。石门内宽过四米，高近四米，足够当时车辆并行、对开而无阻。可见这石门，堪为国脉所系。曹孟德征汉中，便两次行经褒斜道，并于石门留下"衮雪"二字，难得之墨宝。石门更"在世界上可谓开山地通车隧道之先例"。这样一处石门，在近两千年前开通，着实规模宏大，乃至举世无匹。

唯栈道与石门相连，唯石门使栈道绵延，褒斜古道才愈显其卓绝。石门于古时之卓绝，连带出时人与后人生发无限感叹，并以生花妙笔或记事，或颂功，或写景，或抒怀。石门内外与左近，密布摩崖石刻。到了1961年，"褒斜道石门及其摩崖石刻"毋庸置疑地列为第一批国家重点文物保护单位。此可见石门及其摩崖石刻在华夏文化中的地位。石门摩崖石刻总共百余方，其中有十三处尤为特出，"衮雪"即其一，千百年来为人们传颂、临摹，专称为"石门十三品"，文化价值不可估量，文化景观独一无二。

一般以为，现存可见的最早摩崖和碑刻均镌刻于东汉，其中包含的是"东汉时期中央和地方官吏以廉洁爱民为荣，允许地方、民间为廉吏树碑立传"的文化取向。于是，"在大自然的山崖上刻书，留文字资料和书法艺术于气势雄伟壮观的自然环境中，是中国特有的景观之一"。东汉的刻石,"最能够代表隶书的成就。汉中的《石门颂》、略阳的《甫阁颂》、成县的《西狭颂》并称为汉三颂,是东汉隶书成熟时期的代表作品"。这些都与沟通中原西出的栈道有关,是研究古代历史、交通不可或缺的第一手资料,更是华夏心性与智慧的凝聚与体现。关山险阻,催生的不仅是技术与物象层面的国道,更有华夏文脉。

历来书家崇尚《石门颂》,奉为汉碑"极作"。其"结体巧妙,变化错综,着笔细瘦而骨力刚健",其行笔如"野鹤闲鸥",其丰神是"春松之秀"。书家膜拜《石门铭》,竟至康有为视为"神品"。其"分行布白,疏宕飞动,参差错落,得天然之美。书者操笔精熟,处处用奇,常以超秀之笔、劲挺之势、疏密相间之局、生动洒落之姿,使其神情尽出,蹁跹有致"。

石门十三品,不仅为文献史料,也是书法绝品,复为文学佳作。例如《石门铭》,其描写褒斜栈道风光,"水眺悠晶,林望幽长;夕凝晓露,春含曙霜;秋风夏起,寒鸟春伤"。石门畅通的情景则是,"穹隆高阁,有车辚辚;咸夷石道,驷牡其驱;千载绝轨,百辆更新"。而单就起始的"此门盖汉永平中所穿",一个"穿"字,真个意味无穷。论者赞其为"融记事、颂功、写景和抒情于一体,是行文优美的文学作品,文体乃典型的六朝骈体文"。而《石门颂》,乃是难得一见的文体,大可补中国文学史之缺。

惜乎。今人大肆改造河山,褒水为之截流。截流之坝,立于石门,遂使石门与摩崖石刻沉入水下。石门十三品总算得到"保护",从山体凿下,存于汉中博物馆。汉中博物馆之址为古汉台,乃刘邦为汉王时的"王府",算得汉家王朝的开基之处。博物馆中的石门十三品,脱离了自然山川这一母体，它还算活着？肇始于东汉的石门及其摩崖，死而"葬"于古汉台，算是它的宿命？

十三品之外的其他石刻，文化价值也很大。例如《宋琬栈道平歌》，记述乾隆时贾汉修复连云栈道，世称"八个碑"，书法甚佳；《杨绛山河堰记》，镌于南宋乾道年间，为宋人隶书，记其时吴珙承修山河堰事，既是重要的历史文献，书体也为书界注目。可惜，留于原址而不复原貌。

谁说关山只是险阻？关山险阻正是华夏之文韬武略。宋金对峙时，陈仓道上"铁马秋风大散关"，吴璘、吴玠兄弟阻金兵下巴蜀数十年。宋元争战中，巴山里的合川钓鱼城，巍然屹立，绊住蒙古铁骑数十年，保南宋半壁江山，连蒙哥都不小心毙命于钓鱼城外。日寇兵锋虽健，第九战区可凭长江南岸的幕阜山与之周旋、相持，陷日军以荆湖之地。陪都重庆为战时华夏枢要，日军欲夺，却也只能止步于长江上的石牌要塞。

然则，当人类仗着矿物能源而造出飞弹，地势就再也无法用为争战的优势。可以凌空下击的飞弹，溃武略于瞬间，毁文韬以弹指。一旦关山不成险阻，强者便越发可以恃强凌弱。

这是当今的情势。这还叫文明？

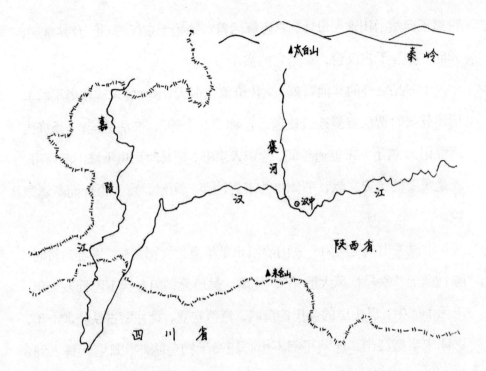

塔城正定

正定老城，历史上留下四座塔。凌霄塔雄浑，广惠塔华丽，须弥塔古朴，澄灵塔飘逸。

从正定上下左右打望，北京、西安、开封、杭州，一应声名赫赫的古都里，西安的大雁塔、小雁塔，杭州的六和塔、保俶塔，北京的白塔，开封的铁塔，无不为美景名胜，既添古老都城风情，也沾了不少名城旧都的光耀，知者已众、观者络绎。比起来，古城正定便籍籍无名了，城里的千年古塔也相随清冷孤寂。这一番籍籍无名、清冷孤寂，即是正定的跌宕起伏，近于沧海桑田；这一番籍籍无名、清冷孤寂，竟又使正定反有了足以睥睨万城的气度，有如沧桑老人。

滹沱河切开南北走向的太行山，自西向东流过华北平原。正定坐落于太行山东麓、华北平原西缘、滹沱河北岸。由滹沱河北岸可进入正定南城门长乐门。正面看长乐门门楼，原该有的端正、平稳并不少，气势上直追西安城楼；换到四十五度角，视野里便是几分灵动，疑其为欲飞之鹤；再移步，又换景，门楼呈现的是窈窕、妩媚，恍然绰约佳人相候百战征夫。我后来才知觉，正定城时间的千古流动与空间的具象铺展所携带的饱满与立体，聚合在夜幕初临的长乐门了。难怪我卸下行装，径直去了长乐门。冥冥中有所指引也。

长乐门里，笔直的大道，现在的名字是燕赵大街。从长乐门向北走约百米，右手巷子拐进去，是广惠寺。寺已不存，仅遗一塔，华塔。观之，如巨型花束。华、花相通，名副其实。华塔共四层，每层之间并不是渐渐收缩，而是突变式内束，视觉效果大不一般。第四层为塔之精华所在。"平面略呈圆形，与八角攒尖形塔顶组成一圆锥体。塔身周围依底层转角和各边的中心交错彩塑水兽、力士、狮象、菩萨等，制作精细、排练有序，五彩缤纷。"引人入胜的还有第一层。其四隅各建六角形亭状小塔与塔身相连，高至第二层的半腰，既将主塔围拱，又呈高低错落、主次相依。这一座华塔，当得富丽堂皇、风华绝代，竟至梁思成惊叹为"国内宝塔之孤例"。按偶然从塔身上发现的记载，华塔建于宋太宗时，为 979 年。

广惠寺略略往北，澄灵塔耸立。澄灵塔所在，为临济寺。这来头，就大了。禅宗在六祖惠能之后，法不单传而叶茂枝繁，临济宗即其一。那"当头棒喝"，着实使禅门别开生面，令禅意远播东瀛。遥想唐代，义玄和尚辞别罗霄山，渡长江、越黄河，到了正定城南、滹沱河北的临济村，于临济院弘法，后入正定城中建此临济寺。自此，凌厉的宗风激荡于凡尘，开悟的机锋点化着众生。临济寺遂成为盛名于海内外的临济宗祖庭，无常变幻的世事中今天依然香火不灭，佛号不辍。偏偏大殿一联，劝诫善男信女："你心里能全善果自会秋生桂实春发兰芳，我门中缔结福缘岂在一炷清香几声佛号。"唐玄通八年（867），义玄和尚圆寂，弟子建塔藏其衣钵，并由皇帝赐名澄灵塔。梁思成谓其"清晰秀丽、匠心独运"的"塔之上品"。这俗称青塔的澄灵塔，时人或以为玲珑剔透，或以为亭亭玉立。在我眼里，他实在是个身形颀长、风姿俊朗的僧人，静立于滚滚红尘中，意态安闲，提示一份超越、空灵，默待有缘之人领悟。

出临济寺沿燕赵大街继续北行，不久便到大十字。大十字的西南位置，须弥塔早已迎候着有心之人。须弥塔所在，原为净观寺，建于北朝的东魏，540 年，后因唐玄宗诏令天下州郡各建大寺并以年号开元为寺名，方更名为开元寺。如今寺无存塔犹立。这座须弥塔，俗称砖塔，本为唐太宗贞观年间所造，风格、形制上与素负盛名的西安大雁塔极为接近，庄重、素雅。须弥塔视觉上最吸引我的，是第一层的石浮雕力士，每面各两尊，共八尊，栩栩如生，极为传神。须弥塔最令今人兴奋的，则是几年前因修葺而在塔刹上得遇"天宫"。佛寺常常辟有地宫，藏着极珍贵的佛舍利等。须弥塔的塔刹里虽无舍利，却藏了玉石、玛瑙乃至银质小塔等，琳琅满目，达四千多件。

开元寺遗址上除了须弥塔外，还有唐代钟楼留存。这座钟楼，是现在存世的极少几座唐代木建筑之一，更几乎是唯一一座唐代钟楼。若就中国建筑史而论，须弥塔下并不显眼的钟楼，却珍贵得多了。我所看到的这座钟楼，该分为两个部分。其下层木结构，完全是唐代原构，以至于在建筑史家眼里这钟楼的门乃是"现存最古老的门"。钟楼的上层，明、清两朝各维修过一次，二十五年前则是它第三次大修。这次大修，用材、形制都尽弃明清，力求接近下层的唐代"原味"，遂使整座钟楼得以历千年而浑然一体。今人也有为此扼腕的。"历史本来就是一部书，不同的篇章前后相继，合起来才是完整的故事。珍惜前人的每一次创造，才是对历史最大的尊重。"此言固然。可也不妨设想，一百年、三百年乃至一千年后，这钟楼得天之幸，依然可以让那时的人感怀抒情，他们是否反而感念"修回唐朝"的这一举动呢？如此想来，这座钟楼的意义，已大不限于它具象上的珍稀，也在于它承载了一个民族对前人的态度、对承沿与再造的理解，以及注定内含在取舍中的时代兴衰。

由大十字向东，不足一里地，大街北侧，为天宁寺遗址。这遗址上，仅存凌霄塔。正定四塔中，凌霄塔最高大、壮硕，"磅礴豪放，直插云际"，也堪称最机巧。共九层的凌霄塔，俗称木塔，虽第一至第三层为砖砌，其上诸层则为木构。奥妙即在此。自第四层至第九层，有塔心柱贯通，直至塔顶。塔心柱为内一外八的九根圆木捆扎而成，八根抱柱各承一条横梁，放射状向八方支撑。这塔心柱，即是擎天一柱。这种结构，在唐代原为主要样式，今人只能见此孤例。不过，凌霄塔却非唐代原构，否则开元寺遗址上的钟楼就不会是华北平原上唯一的唐代木构建筑了。现存的凌霄塔，下部的全砖结构是宋朝于唐代塔基上建造，其上各层则为金代重建，明清两朝又各有修葺。"历史的叠压醒目而和谐"，无如一部中国佛教史的特别版。

若非佛法东传，中国文化里大概不会出现塔这样的建筑。想来，中国建筑着意的是平面铺展，注重生命于世俗界的价值；而佛塔，以及泰西教堂的尖顶，该是与试图超越凡尘、追寻天国的生命理解密切关联。源于印度的塔，原意为"累积"，是累石积土于墓上以为标记。佛陀灭度后，佛弟子于各地建塔将佛舍利分葬。此所谓舍利塔。由此，塔成为佛教建筑形式之一。如同中国僧人别解乃至再造佛陀教义，佛塔也与中国固有的亭台楼阁、宫室苑殿相融合，还在宗教意蕴之外，用以点缀山川名胜，供人登临远眺，便利交通军事。这一来，不在平面上铺展而呈直立挺拔的塔，就一改中国固有建筑面貌，造成了空间上的起伏错落、视觉上的立体饱满。正定古城里，这四座千年佛塔，卓然高耸，恍如俯瞰人间；人的视觉中，顺着可触云天的塔，所谓"天人之际""天人合一"，似乎多了些着落。都说，佛法之于轻易"不语怪力乱神"的华夏，不仅是心灵的安顿，还有审美的多元。塔所带来的空间意象，可算审美的多元之一折。我流连于古城正定，不脱这空间上的起伏错落。

小小的正定古城，四塔并立，密度实在高，更何况四塔还各领风骚。这也是正定因缘际会，才成此睥睨万城之势。平原上的正定，南据滹沱河道，西控太行八陉中最紧要的井陉，得大地利。农耕时期，正定向来是华北平原上的"三关雄镇"乃至河北的政治、经济、文化中心。长时间里，正定又是华夏的农耕族群与游牧族群争斗与融合的"锋面"。种种偶然与必然，天意加人为，成就了正定人世的繁华、佛法的恢宏。

到了最近的这一百年，正定倏然从舞台上退出，像是来不及谢幕，又像是根本不需要谢幕。秦代于此置东恒县，汉易名真定以寓意"真正安定"，一直沿用至清。其间，也曾以镇州、恒州、常山为名，得为州府治所。清末为避雍正皇帝胤禛之讳，改今名正定。这一改，改出了正定的沧桑之变。随后而来的铁路时代，正定顿失交通枢要，瞬间为滹沱河南不起眼的小村子石家庄所取代，石家庄则摇身一变跃升为一省治所，二者间主从易位。

所幸。滹沱河南新城拔地而起，高楼林立，车水马龙，人声鼎沸。滹沱河北的古城，由此多了些机缘，佛塔不致淹没于凡尘，遗址得免匍匐于轮轨。正定城里，空间的起伏，毋宁也是时间的跌宕；视觉的错落，该是为了提示时人思绪上的饱满与辽阔。我自顾自地认定，之前的正定，生成与创造是它的意义；当今的正定，存留与持守是它的使命。

这一座绝无仅有的塔城，历两千年日月风霜，从"真定"到"正定"，莫非是轮回的隐喻？果真在轮回中"恒定"？

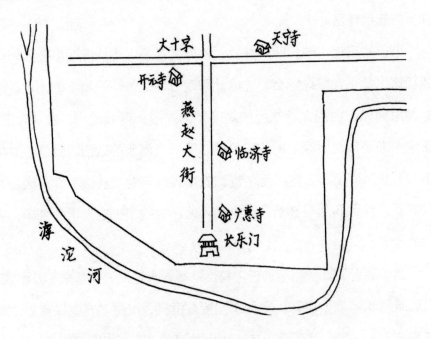

北涧安济，木石为盟

泗溪，乡村中国一隅，至美。

仙霞岭向南，抵近东海的山地，闽浙接壤之丘陵，藏着深巷中的风情。走过一小段乡间的路，停在农家茶舍。这段乡间的路，绝非小路，有三四尺宽，于山深处已颇为难得；虽非条石铺就，零而不乱，路心更是规整，成为延向无尽远方的路脊，给人踏实、安然的感觉，更不用说由延伸所造成的视觉上的美感了。在茶舍坐下，店家殷勤地奉上当地的红茶，静静地喝着。来泗溪许多次了，独这一次得以了无挂碍地闲坐，图个悠然。于是，一地山水，不仅眼见，也唇吻，复体悟。

茶几外侧，路石披着光泽，竟似一尘不染。几百年里的风雨摩挲，不计其数的老少踩踏，这路像是由岁月修炼，在人间浸润，得了温度与气息，与其上行走的人对话又揖别。每次走在石头铺砌的路上，总觉舒展、通透，乃至走得有尊严。久为城市动物，才有这般感受。那些人造而非自然生成的水泥、地砖，硬生生把人与大地隔开了，隔得人流动不了气机，无法荡开心神。路下，清流潺潺。东溪自东边流，北涧打北边来，堪堪在茶舍前几步处汇合。两溪合流，气势自大，乡人便另以仕水为名。仕水向南去，东岸、西岸俱也一模一样地铺砌着石路。若多用点心，还看得到，东溪与北涧将合未合之际，另一条溪从峡谷里奔出来，扑入东溪。所以此地称泗溪。一派乡野气韵，天地神秀。

顺仕水前望，一山如屏，峻峭而立，顿然让人知觉这是在山间。细细看，山的正中，其形如蝙蝠初飞。一片山就此生动了，绝无呆滞，也非森严。很有趣。不知是山前泗溪竞流，将韵律映射到山上，还是硬朗的岩石也为柔媚的清流打动，不自觉就收起了它的粗犷、野性，竟至把深藏的温情显了出来。北涧与东溪初汇处，水面上有如悬了一样雕塑。那是大樟树前伸的末梢。不下碗口的分枝，间曲间直，满覆青苔。定睛看，直似青龙出水，势欲飞跃如屏之山；又恍然天龙下凡，与清流嬉戏一番。大樟树立在北涧岸边，一大一小，大的直径约有四尺，小的也近三尺。

仕水南行二十里处，有条碇步，仕水碇步，与水流、溪滩浑然一体。它以长度、形制、可并排走人的通行能力，以及独特的建造技术，领袖群伦，将气势、美感、功用与人类智慧，聚合于看起来轻轻巧巧的一道似梁非梁、似桥非桥的碇步，列为国家重点文物。这足称创造于无形之意象。泗溪这儿，涉水济川不赖石质碇步，用的是木质桥梁。两棵大樟树侧旁，北涧桥横跨北涧近四百年了。这是一座木拱廊桥，为廊桥中特出的一种类型。这类纯木建造的桥，凭精巧的结构，不借桥墩而卓立于天宇下。只要工匠能够准确地在溪流两岸选准岩石为基础，将至关重要的三节苗搭在基石上，整座桥便可安如磐石。通常所担心的山洪下泄对桥墩与桥身的巨大冲击，对于木拱廊桥来说，全不足虑。一桥之建，原是木石结盟。也只需木石为盟。桥身上是不需要任何钉子或其他金属器件的，同样只凭精巧的结构以纯木质来定型、受力。据说，若按承载比，木拱廊桥是所有建筑中最高的。无须桥墩的木拱廊桥，免于侵扰河床，绝不阻拦水流。岂非最友善的桥梁？竟然，为实用而弃桥墩，不经意间就含了一份恭敬天地的心思。

傍着大樟树看北涧桥，着实惊艳。那景象，乍见时，足让人不自主地吸口气，然后屏着。古朴的木屋，横亘于溪流之上，屋脊上两条龙相对，为天人之通连；边檐上也以龙为饰，添了这一座溪流之上的屋宇的空灵与雅致。这"屋子"，并非"一"字形横着，中间比两头的桥头处高不少，真正是跨了溪流的。这一跨，桥就显得不是在地上建起来的，而是凌空而下立着的。非得仰头，才看得见桥。这一仰，便由视觉上的看，牵动了心神，再不会只把眼前的物象当作一座桥，震慑的同时更端正了意念，不敢造次。由不得人的。这一仰，也另行震慑于桥底下的奥妙。木拱廊桥的玄机，藏在桥底下的。但见无数木梁，纵横交错以勾肩搭背，平斜有致而相依互承。每一根木梁，看起来都以它的微不足道，合力成就了桥面上的丰富多彩。乡人每日行走与暂避风雨，旅人长途跋涉而和衣度夜，阖族齐聚以商议族务，上香敬神求安康顺利。这样的桥厝合体、生命演绎，悉由默默藏着的木梁承托。为免木梁受风雨所侵损，桥侧木板相贴，有如房屋木墙。这木墙，漆朱红色，显眼、跳脱，却不艳俗、突兀。蓝天白云，瓦灰木红，清流绿荫。

北涧桥，如仙子俏立，似观音临世。

华夏大地，廊桥遍布，木拱廊桥自成卓绝。然而，北涧桥僻居东南沿海一隅，向来静默与乡人做伴，外人所知，时日甚短。同为拱桥，华北平原上的赵州安济桥，则是声名赫赫了。几十年前，它就得以在课本上让每一个华夏少年都与它相识。这座著名的拱桥，纯然石砌。九州之中，安济桥之外，素负盛名的古桥，再如广济桥、安平桥、卢沟桥，俱为石桥。川中泸县，别有一样石桥，几十座上百座的，在桥墩、桥头雕刻龙头，称龙脑桥。千百年来，大河南北，长江上下，靠着这些木构、石砌的桥梁，一代又一代生民，通济利涉，如履平地，从容地在水上行走。何尝不是"木石同盟"？这一番意象，岂限于审美，也在实用中。

除了同为拱桥，安济桥与北涧桥再无相同的。材质不同、木石有别不说，时间上安济桥已是比北涧桥早过千年，时在隋朝，约600年，比沟通长江与钱江的江南运河还早了些年头；空间上，距离相去千里，地貌为平原与丘陵之异。形制方面，登北涧桥桥面得木板上拾级而上，而安济桥，以其采用了大跨度的弧券，桥面极为平坦，桥面与地面无须过渡，纵使老人亦可自如行步。安济桥的拱，为坦拱。此为安济桥在技术上的独特所在。安济桥的拱的大跨度纪录，保持了一千三百年。大约五十多年前，才在中国南方造出跨度超过安济桥的石拱桥。另一样技术上独到而使安济桥在形制上独领风骚的，是"敞肩拱"。造桥的李春，在桥的两端，各开出了两个拱洞。于是，大券套了小券，券上加券。梁思成对此极为赞叹，也认定要在约千年后欧洲才采用同样的造桥技术。在距安济桥建成一百余年的中唐，宰相张嘉贞专作《石桥序》，以生花妙笔回应李春的绝世创造："两涯嵌四穴，盖以杀怒水之荡突，虽怀山而固护焉。非夫深智远虑，莫能创是。"

不知李春本意如何，他为实用而在桥拱上嵌入小拱将桥肩敞开，在后人眼里，已是无尽美意。张嘉贞单只"若飞若动"四字，便胜过一应言语。要说北涧桥是一幅工笔画，安济桥则是写意的。李春删繁就简，去拙成巧，巧夺天工。安济桥遂如俊朗书生，身形颀长，意态安闲，信步河上，浅唱轻吟。

北涧桥与安济桥另有不同。安济桥已经只是文物了，圈起来，买了门票才得以领略李春那经天纬地的杰作，再不是供人真正去行走的。北涧桥则活着，乡人往来北涧两岸，以它为日常行走之用。也没有人在此拦路卖票。这一死一活，大抵与名头响亮与否有关。原就盛名的安济桥，到了 20 世纪末，像是添了声名之累。美国土木工程师协会选定安济桥为人类历史上土木建筑的十三项典范工程之一，中国仅此一例。大概，文物安济桥的管理机构很以为殊荣，勒石于安济桥头显眼处，以彰显安济桥的身价。

我无从知道，按专业的角度，美国土木工程师协会的评选是否精到；我也无从知道，就土木工程而论，几千年的人文创造中，宽阔而繁忙的韩江上人类第一座启闭式桥梁广济桥是否另有其典范之处而堪与安济桥比肩；我还无从知道，同为拱桥，木拱廊桥的独特技术，是否也足以成为桥梁典范乃至土木工程典范；我更无从知道，美国土木工程师协会是否清楚，在中国的南方丘陵，有一类北涧桥这样的木拱廊桥，也是巧夺天工。我只知道，即使二十多年前没有美国土木工程师协会的评断，千百年来，中国人以自己固有的实用感受、审美意境，以及以梁思成、茅以升为代表的现代中国对安济桥的理解与评价，我们已足以把自己的欣赏、崇敬、感佩，不绝如缕地献给一代又一代的李春们，而倍加珍惜我们眼见、足踏的安济桥、北涧桥等。那是"木石同盟"的意象，天人合一的境界。

可是，可是，这个全球体系，欧美携其强势而主导乃至主宰，竟至于一言九鼎般。哪天，我们只拿这些话做个参考，当个锦上添花看待，不以为弥足珍贵，可好？

乡土中国的至美与绝智，我为之神驰。

直把徽州做神州

相隔十年再去徽州，已全然无关黄山。徽州可以没有黄山，只是黄山不能没有徽州。徽州却不能没有新安江。静观，徽州是新安江滋润的家园；动察，徽州随新安江流淌着她的千年诗意。

歙县境内，新安江称练江。练江由丰乐水、布射水、富资水和扬之水汇于歙县县城附近。横江与率水合流于屯溪下行，再与练江并流。新安江集众水而成，纳百川以流。古来，歙县是徽州府治所在。练江上的水利工程，大概首开于东晋时，约一千七百年了。迄至明清，历代迭有新造，或官府主持，或民间自理。要说歙县境内水坝密布，不算夸张。徽州筑坝、开渠始于东晋，正是"衣冠南渡"之后，华夏借江南水泽、山地以安身立命之时。史家有谓，"衣冠南渡"后的淝水之战，开启"中国历史第二期"。想来，徽州亦如一道川流，注入华夏的万古长河，增其丰沛。

新安江上有渔梁坝。出歙县县城东南行二里路，就到了渔梁古街。古街依着练江，街尽头即是渔梁坝。街因坝盛。这是一条商道，徽商之道。渔梁坝始建于宋，水毁而建，建而复毁。今日所见，乃是明代所建，全为条石拼接，揳以石榫，硬朗坚固，颇为壮观。流水携着岁月，又将坝石冲刷得圆润、明净，竟像是一大块玉石，自天上掉落在练江，堪堪嵌入两山之间。坝下水花飞溅，水声轰鸣作响。既是天作地合的画面，复为天作地和之曲调。人间竭智尽力而成的这一座渔梁坝，乃是新安江上一应古代水利工程之典范，以此彰显华夏文化的独有意味。我在坝上驻足，想着要是没有这一座渔梁坝，徽州或许就不足以成为徽州了。

华夏文明，最具象的展现，不是马上驰骋、弯弓射雕，亦非劈波斩浪、海外殖民，其以农耕而定、静，治水乃是首要。青铜时代前夜的"大禹治水"，古史耶？传奇耳？大抵不重要。关键在于，"禹"有寓意，所"寓"在"治"。青铜时代之后，最壮阔、最精微的天地画卷与乐调，相继作成于华夏神州，留与炎黄后裔。邗沟、安丰塘、郑国渠、都江堰、灵渠、漕渠、山阳渎、江南河、通济渠，直到京杭大运河，凸显华夏千年水上行走的智慧与传奇，涵括神州万里引水耕作的坚忍与豪迈。

渔梁坝已为遗迹。其寓意，但盼不随新安江水而逝。

新安之水清兮，濯人智；徽州之人灵矣，耀华夏。这一份清灵，固化为徽州府城里的许国牌坊。它不像牌坊，更像一座鼎。它有鼎的庄严、肃穆，鼎少了它的厚重、巍峨。许国牌坊石质，皇家为功勋卓著的重臣赐建。这牌坊便建成了立体的，遂有独特的气势与味道，绝非寻常的平面牌坊所能比。其形虽如鼎，在我的意念里，其意蕴毋宁是一座石碑。朝廷重臣未必当得起这一碑，同属明代的程大位却当之无愧。

程大位，明代中晚期的算学家。对，不能叫数学家。华夏的原生文化里并没有"数学"，这讲的只是一种源于古希腊的西方知识。与数学形有近而神相远的，是算学。《周髀算经》《九章算术》等即可明证。中国人也独立发现了毕达哥拉斯所发现的勾股定理，也独立测算了高深的圆周率，但都只是"算"，而非以"数"论宇宙万物，更没有出现毕达哥拉斯派之为关于数的学派与基于数的教派二合一之文化景象。可以说，算学是东方华夏的知识体系，数学是西方欧洲和阿拉伯的知识体系。

华夏不知"数"，唯善"算"。珠算，为诸算之一术，更为华夏独有之术。中国珠算史，"萌于商朝，始于秦汉，成于唐宋，盛于明清"。"明代程大位《算法统宗》的诞生，标志着由筹算到珠算的彻底转变，珠算成了社会上的主要计算形式，并相继传入朝鲜、韩国、日本和东南亚诸国。"《算法统宗》，全称为《新编直指算法统宗》，刊行于1592年，"评述了珠算规则，完善了珠算口诀，确立了算盘用法"，并附录北宋元丰七年（1084）以来的算学书目五十一种，称"算经源流"。这个时期，简单的算盘已经不仅可以四则运算，还能够相当成熟地开平方、开立方。

黄山脚下，新安江畔，程大位故居紧邻的程氏祠堂，现在辟为"程大位珠算博物馆"。这位伟大的先贤，落寞于车水马龙交错的屯溪陋巷中。我步入，空无一人，倒也闹中取静。好在，故居和祠堂都列为国家重点文物了；所幸，隔一条巷子的小学，命名为"程大位小学"。程大位画像所配之联，很是确当："尺寸纫伟业，锱铢铸丰碑。"向来，华夏之"术"，总是关乎天地之道。程大位像前正有一副楹联："察天地沉浮衍六三数象，辨阴阳清浊穷二五机徵。"尺寸之小，锱铢之细，含阴阳、通天地。

新安江畔，"学""术"兼备。百多年后，小小屯溪又为华夏思想诞生了戴震，清代学术的代表性人物之一。单说戴震的两个学生，王念孙和段玉裁，在中国传统学术的文字、训诂、音韵领域，即"小学"，力超前人而卓有建树。戴震本人，则精通经学与小学，更是广涉博及，梁启超评为"前清学者第一人"。

今人说徽州文化，断不可只知"徽商"。商贾之外，徽州更有"人物"。也不知是一代又一代出类拔萃的人物使得徽州及紧邻的宣州以笔墨纸砚著称，还是最适合出产文房四宝的徽宣地区易于文风昌盛。向来说徽墨、宣纸、端砚、湖笔。其实，歙县产砚，歙砚可以比肩端砚；湖笔独领风骚之前，宣笔写遍天下。为什么徽宣地区能够产出上佳的笔墨纸砚？纯为自然山水所宜，抑或民风好文所来？这实在可当一个有趣的问题。

不管答案如何，生命中有笔墨纸砚，所谓"诗意栖息"也就顺理成章了。

唐模是一个迷人而典型的徽州村落，尽显诗意栖息。檀干溪自北向南缓缓清流。水口处，有沙堤亭。这一处也是村口。过沙堤亭，有同胞翰林坊，是许氏兄弟同为翰林的物化表达，也可以想见唐模人家何等喜好文房四宝。慢慢走在充为驿道的临溪步道上，右侧是雅致的檀干园。这让人完全不以为进了一个村落。是了。唐模人家与自然山水浑然一体，到了家园即园林的程度。

呈坎是另一处传统村落。这里恰是扬州八怪之罗聘的老家。徽州传统村落的诗意，最在与自然山水融契以居。呈坎布局取法自然。一条溪流，分了屋宇与田地，合成一个阴阳太极图。屋宇在阳位。其中最有意味的，是列为国家重点文物的"贞靖罗东旭先生祠"。罗祠共四进，第一进便是面阔七间，好大气派。说是仿了曲阜孔庙。不知何以如此，又何以敢如此。第四进，是罗家供奉祖先牌位的阁楼，高达三层，面阔更是十一间。这气势，乍见之下简直倒吸一口气。木雕精细到几乎有些烦琐。而正面十一根石柱，很费工费料地将柱体与柱础一体凿制，柱体更是向内呈现凹陷的弧面，与月梁极相应和，美不胜收。以如此楼阁安顿祖先，才显钱穆所言"以历史为宗教"。

这座罗祠，另有其独一份处。祖宗牌位右前方，有个门，门楣上有"内则"二字。门里是不大不小的一个厅堂，有四根石柱。这是罗家为"内人"们专设的供放牌位之所。都说中国男尊女卑，致使女人不得进祠堂。罗家倒是例外。这例外，却也透露出华夏文化的玄机。华夏既以男女为阴阳，因了孤阴不生、独阳不长，在生生不息、无穷匮也的生命意识里，女性不至于太没有地位。殊不知，大约在罗祠建立前后的两百年里，相当于中国的中晚明，欧洲在基督教教义的催生下，认定许多女人背叛上帝而与魔鬼交媾，视为女巫，数万女子惨遭杀戮。一个法国人在 1609 年就处死了八十个女巫，另一个法国人在十五年里处死了九百个女人。处决女巫的方式极其残忍、暴虐。为了有效地辨认、审判、惩处女巫，其间还专门出版了《女巫之锤》。阴阳和合的观念，使得中国文明不至于如此疯狂、极端地对待女子。而一种文化若是疯狂、极端地对待女子，实也是疯狂、极端地对待男子，是男人们疯狂、极端的自我对待。

如此而言，"诗意栖息"的关键，乃是"适意栖息"。适者，度也。诗意的要义，在分寸、节度。否则就失了诗的美雅、意味。这分寸、节度，既在人自身，也在自然、山水，在人与自然、山水之融契。

新安江清澈、丰沛，可以涤荡性灵。徽州大地却不算肥沃，远非江浙般乃鱼米之乡。山多地少，也不宜谷物生长，却又植被茂盛。这是天地有度，是徽州的自然山水惠赠于徽州生民者。所谓"徽州文化"，难道不是顺天应地、取之有度、随遇而安、清俭和静？

徽州，藏着文明的一大奥妙：人类生活的最佳前提是适度匮乏。

全无匮乏，定然骄奢淫逸；过于匮乏，难免奸邪诈伪。

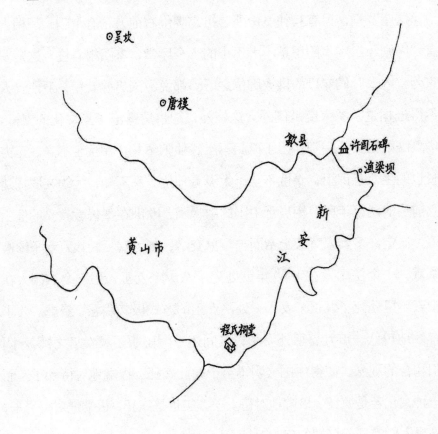

有一种生命形态，关乎井

坐在裕成楼里，喝着盛情的土楼人家自制的青茶。裕成楼和绝大多数土楼一样，山坳里临溪而立。不同的是，它是土楼中年代久远的少数楼，超过六百年了，由楼层和直径构成的体量也是比较大的。更不同的是，六百多年的沧桑留下的痕迹很明显，看着就知道是火神祝融巡视过，又活下来了。更让人心惊胆战的是，裕成楼的楼柱是斜的，给人随时倾倒的感觉。它是土楼中唯一的斜楼，建成即如此，竟有人叫它"东倒西歪楼"。这样的斜楼，并不危。四姓人家在楼里怡然而居、和睦相处。我在露天中喝着茶，如坐井中；抬头望天，恰是坐井观天。圆形土楼有独特的视觉意象，它可以"型天"，用它自身的弧线，将无边无垠的天宇塑出弧形。这一塑，本是无际的天竟由虚变实了，原是高远的天来到跟前了，直似触手可及，又近得不必触。杯中青茶，眼里"型天"，心神随之舒展、沉静、淡然、安雅。这般"井"中安顿下一段时光，也是安顿了一己性命。

主人家沏茶的水，自楼中井里来。这井非同寻常，不在露天。裕成楼靠山一侧的人家，自家一楼厨房里修了水井。井不大，如个埋在地里的小水缸；紧邻着灶台，更似水缸般。我想起少年乡居时挑水，觉得这样的井，实在贴心至极。土楼人家这样来挖井，何止"方便"二字，这样的生活智慧，这样的生命形态。沏茶之水，向以清冽为最。明人有言，"泉不难于清而难于寒。冽则茶味独全"。我径直舀了厨中井水，喝来甘甜、清冽无比。裕成楼的井，独步天下了。天下名泉，俱在"天下"，独此井在厨中；"天下"的名泉，未必是普通人方便亲近、受用的，此井却即身贴心。

井是有话头的地方，当然不是"瓦罐难免井沿破"的话头，自然也不是指"柳毅传书"这样浪漫香艳的神话。我读大学的那几年，厦门岛供水紧张，学校里的自来水每天定时供水两次，根本不够用，尤其夏天。那时每个学生必备的生活用品包括一个水桶，储水的；桶上一定系了几米的绳子，用来到井里打水的。打水是 20 世纪 80 年代中期以前每个厦门大学的男生女生的基本生活技能。这技能，对于女生的难度就如洗衣服对于男生的难度。学校里那时有十来口井，大小、深浅不一。井边，女生洗衣，男生沐浴。也不知道女生洗衣的速度是不是慢了，也不知道那些淘气的男生是不是将圣贤之教导改行为"吾日三洗吾身"了。这样的井边，不发生些青春的故事来演绎真实的浪漫香艳才怪呢。今日尤其以美丽著称的芙蓉园，真正的美丽其实已经逝去。

小学和中学期间，井之于我的记忆完全是另一回事儿。外婆家在南镇半岛，缺水。我假期去的时候，和表弟一起挑水是我最主要的家务活儿。挑水的地点并不固定。近些的，水小得不成井，只是一小口泉眼，用牙杯舀水，排着队等。磨性子。挑回水来，力气和身高都不够把水倒进大水缸，得外婆出手。老人家青壮之年下地劳作，练就了一身力气。有水大的井，可以不排队，用桶打水。一个叫水井湾的地方，从渔村下到近海处，一口大井，深。井沿站着，如临深渊，总担心一不小心掉了下去，定然万劫不复。这井打水的技术要求很高，挑水上来又非常吃力。累。一个叫烟墩头的地方，要往高处翻过小山岗，打水非常容易，路也算平，可是沿路尽是坟墓，挑水居然要靠胆气，至今想起来都还留有余悸。慌。今年春节和表弟特意提起当年烟墩头挑水的事，他也是心有戚戚焉。一对难兄难弟呀。

如今厦门大学校园里已经没有了当年的那些井，源自闽西的九龙江水引进厦门岛而供水充裕了。如今半岛南镇也用上了自来水，水井湾和烟墩头早已是陈年往事。向来说物是人非，这一端，恰反过来成了"人是物非"。不独厦门大学没了水井，厦门市区也没了水井。放眼看去，要找一座还在使用水井的城市已是无法，顶多偶尔能在老城区遇到已经成为残骸或遗迹的井。不独南镇半岛不再以水井为水源，自来水管也已经铺入了许许多多的乡村，包括我父亲的老家。以前老家村子的水源是一口在田间的水井，现在已极少汲水炊饮之用了。这井连同边上的田，都看着奄奄一息的，远不是少年记忆中的生机盎然。

幸有少数古井，还存活于今天的华夏大地。引人遐想，令人嘘叹。

桂东，漓江流域的黄姚古镇，有仙人古井。我没问个究竟，这"仙人古井"是今人取的名字呢，还是自来就这么叫的。这井很有些特别，井口不取圆形，而是方形；不是一口井，而是三口大小不一的井挨着；三口井，用处各不同。大井两米长，一米多宽，饮用。大井的水从边槽流到西面的中井，这里淘米、洗菜。中井水南流到小井，供洗濯。我不由得想一个很有趣的问题，是因这一套组合的井而造出"井然有序"一词，还是要把"井然有序"具象化而建这么一口井？我也无所谓答案，自且陶醉于仙人古井的好意象中。小井水流出，就近流进了小溪。三口井的水位，波澜不惊，像是纹丝不动。若仔细看大井，其源似乎不在井底，而在北侧井壁。遂由此溯溪，想探一探，大井之水是否取自溪的上游。未果。这临溪而建的仙人古井，怎么看都像是因溪成井，井又自成其溪，溪、井浑然一体。大巧无痕，妙趣得很。

另有"溪井"或"井溪"，在浙南永嘉。永嘉上的楠溪江，山水田园无双；楠溪江畔岩头村，其"井"卓绝。岩头村其实无井。它的井就是溪，溪即是井。村里有溪，确当说是渠，流经每一家后门，最近厨房。数百年来，阖村之人，一日里固定时间取水炊煮、淘米洗菜、洗衣洁污。另一样"井然有序"。无井之形，有井之用。水桶、水缸也免了。水源来自村外的溪流。进水口则是匪夷所思。在离村三里的河床上铺条石，条石下是水道，由条石之缝隙引水，以暗道入村。如此，一来，隐蔽而防卫，外敌不能破坏水源。楠溪江畔的村子，防卫是个紧要问题。二来，河床底下取水，则水量恒定，丰水时村子不涝，枯水期用水不少。这岩头村的先人，真如仙人般奇思精巧，叹为观止。村子里流连，看流水潺潺，便觉得这"渠井"，如脐带，使一村生民与天然溪流、与大地天宇牢固地、紧密地联结着，输入生机。凡尘中的生命取向，定然多出一分超逸、辽远。

云贵高原上，抚仙湖之南，有大板井。大板井是俗名，正式的名称叫"溥博泉"，出自《中庸》，"溥博渊，而时出之"。如此郑重而文雅地为日用的井取名，大抵也是少见的。可这口井，非如此郑重、文雅命名不可。位于西正街上的溥博泉，凿于明初，如今是当地最具盛名的古井，甚至有"先凿大板井，再建建水城"的说法。这话，乍听夸张，细想却是全然合了事理。凿不出井的地方，筑起的城多半要成为死城，没水可以活人。凿不出井的地方，要想筑城也难，没吃没喝的如何筑城？能铺垫、催生一座城池的井，难道不是最该以"溥博"为名？

也实在该将城与井相提并论。井是盛水的，水得是活水，清澈、甘甜才好。城是"盛"人的，人得是有生机的，安雅、宁静最好。井清澈、甘甜，人便添了安雅、宁静；人安雅、宁静，井也才得清澈、甘甜。城在平地上筑墙乃成，井也往往有井圈。这井圈，既护了井之洁净，也助了人之安全。建水城既起于井，成城之后井密人欢也顺理成章。这地方由彝语转译而名建水，再确当不过了。城以水而建，城以井建水。井圈正是建水城建水的具象。大板井的井圈，直径近三米，高五十厘米，厚十二厘米，六块弧形石板和六根石柱琢槽相扣而成。这一口大井，不说水质，单井圈就极显气势，不枉"溥博"二字。建水城里其他井，到不了这气势，却另有雅致。大板井只有一眼，一只大"眼"。诸葛庙边上的诸葛井，井眼小了很多，两眼两连，为双眼井，很生动；翰林街西边巷子里的一口井，三眼，呈"品"字形，很沉稳；安宁街上，著名的是四眼井，周正、饱满。据说，另有一些井，井眼更多，六眼、八眼，有多达十二眼的。光想象一下，都会觉得趣味盎然。建水人的眼里，这些井眼，竟是地下世界探望地面尘世的眼。大抵也只有建水人，才会有这样的领悟。在我看来，这些井眼，也是芸芸众生探究地下奥妙的眼。谁说这些井眼，就不是人眼呢？借着井眼，地下、地面两个世界，声气相通，甚至荣辱与共。建水城，着实以她独有的井，成就了一幅别样而别致的生命画卷，于华夏大地。

这画卷里，独特的还有井圈的槽痕，所有的井圈都留着槽痕。在马市街上一口直径不足两米的井圈，我特意逐一计数，一道一道紧挨着的槽痕，五十八条，深浅不一。安宁街四眼井的槽痕最深，可以放下竖起的半边手掌。我手掌嵌入井槽时，心神为之一动。这是打水时井绳勒刻出来的。年复一年里，水滴石穿般的功夫。这又迥然不同于水滴石穿的自然景象。这是生命印记。这道印记，光滑、亮泽，圆润、沉静。任谁都看得出来，这不是一人之力所能刻勒。若非井作为公共空间，井圈就断不会有这些槽痕。这些槽痕，是各家各户聚拢又离去、离去复聚拢的记载，无如华夏的生命节奏与形态的一种公共仪式，却又如此不经意。

在华夏的心神里，日用的井，一端将尘世的彼此聚拢了，一端又将地面尘世与地下世界通连着，它就自然带有神性。地里的井水，极洁净清澈，又有着冬暖夏凉的特性，实在是自然厚赐予生灵的。井神的性格就优雅别致了：井之精名观，状如美女，好吹箫。井神通称为"井泉童子"。清人在《清嘉录》中记载，除夕"置井泉童子马于竹筛内，祀以糕、果、茶、酒，庋井栏上掩之，谓之'封井'。至新正三日或五日，焚送神马。初汲水时，指蘸拭目，令目不昏"。汉代《白虎通义》谓，"井，水之生藏于地"。如此，人之于水，日用之上便有了恭谨、感戴，日用之时遂自制、内敛。建水因井敬神，似乎与别处有异。溥博泉边，立有神位，"大板井龙王庙井龙王神位"。这是新的。原本，溥博泉东边有龙王庙，现已废塌。晚清重修大板井碑，贤达之士作序，以"永垂不朽"为题。侍井如人也。龙王庙四眼井畔，水晶宫依然，祀龙王，有联"龙泉涌注千家美，辰君护佑万民乐"。三眼井边的神龛，上联是"细水长流万户乐"，下联剥落。

是了。我专往建水，访这一幅画卷。眼前、心中，它已成残卷，不再完整，更失了生动，快速退为遗址与记忆。

这三百年"文明"，实为"背井离乡"。华夏如何于此得动静之衡？

门源：天堂并凡尘同在

　　这一番吸引，看来竟诱动云朵向地上降落。云的生性，本该飘动。天空才是它们的世界。这儿的云，是拿了群山做梯子，下凡来。下凡的云，这会儿下到半山腰。不知道在云的眼里这便是它们已经下到凡尘了，还是它们悖于生性下凡而只能下到这个位置，无法真个触摸大地。这一来，群山如屏。如屏的群山，隔开了山外的世界。山外无山。这一来，群山如带。下凡的云，像是将它们生性的飘动印到了山的伟岸上，山就添了动感。如带的群山，也许更是自天庭挥向大地的绿练，大地才由此得了生机、意趣。

　　此时的大地，却是海，花海。以前也在松嫩平原上见到海，大不同于此。松嫩平原的海，是绿海。自然长出的草、人耕作的庄稼，化作一波一波的浪，成了一望无际的汪洋，辽阔得让看海的人容易迷失了自己，至少认定自己渺小得一塌糊涂。此时的海，是黄海。盛夏时节的油菜花，黄得清清爽爽、干干净净，黄得纯粹，黄得有光泽却又全不耀眼。这黄海，简约，不呈波涛汹涌之势，柔曼地铺展开，如女

192

子婉约、怡然。也不漫无边际，它是如屏的群山围出的海子，淡然、内敛。围出这海子的群山，也在围护着素净的花海，她便安雅、沉静。可是，她分明美得让看海的人心跳。这心跳，让看海的人断不会迷失自己，也不觉得自己渺小，只是带着不可思议去静静领略。

天蓝，云白，山青，花黄。这一刻的世界，便如此。

这黄花的海，也另有生动、饱满。如屏青山的山脚，不时出现缓坡。花黄便顺缓坡向上蔓延，最是海水向沙滩漫延并翻起细浪。浪花用白色为大海镶边。山坡上的色彩，有不同的黄，有黄与绿相间；山坡上的色彩，每每呈现块状，于是造出了线条。山海之间、山海之际，就如嵌入一幅幅锦图，斑斓、绚丽。犹似原本各美其美的天蓝、云白、山青、花黄，汇集一起，更凝聚了各自的精气，将天地画龙点睛般装饰了。

容我当这是天堂吧。我没去过天堂，来生大抵也没机会去；我也没想象过天堂，既在这凡尘里托命，便安心不去想象天堂。

我与这天堂，纯然偶遇。午夜登上 K119，向西夜行到天亮，从渭水南岸到了黄河之滨，在兰州改乘速度快了很多很多的 D2753 往张掖。若按旧的兰新铁路，兰州到张掖走的是河西走廊东段，经武威。新修的兰新客运专线，改经西宁再接张掖，撇下了河西走廊东段。我之前只知道 D2753 之流走新线，完全不知道"顺流而去"会有这般境遇。此时醒悟过来，赶紧问与空姐可以媲美的"乘姐"，得知这是在门源。

门源地处青藏高原东北边缘，青海省会西宁正北约百公里。祁连山东南末端是冷龙岭，与其在西南方向相对的是达坂山。冷龙岭与达坂山堪堪圈起门源来。两山之间有大通河流过，沿河有个不大的地方，就叫天堂；天堂上游大通河一条支流上，一个地方号为仙米。这是天意、人心的默契吗？这样一处门源，近年里才声名鹊起，引动八方观光游客，招来四面采色拍客。唯在这油菜花海。

任谁去想象天堂，花一定有的。天堂里的花，该是凡尘里最华贵、最雍容、最艳美、最芳香的花才能比拟的，甚至都不足以比拟。凡尘里所有的花中，大概油菜花是最和华贵、雍容、艳美、芳香无关的。她完全是日用的，她也全然是平实的。她日用与平实，几乎让人不拿她当花，只是当油菜，当油。"开门七件事"里，油列第三，否则纵然柴火熟了米，也是少了味道的。盐、酱、醋固然可以生出好味道，大抵不如油来得紧要，只能屈居四、五、六。至于茶，除解渴、保健、待客的日用之外，还含了审美的、伦理的、宗教的意趣，已大大超出日用所需。茶花也定然比油菜花雍容、脱俗，也每每娇贵，难有这一份平实的气象。

在天堂般的门源，种植小油菜已有一千八百多年的历史，更是北方小油菜的发源地。门源小油菜，其性阴凉，耐寒冷；生长期短，善抗灾。其用，"浑身是宝"，属烹调油的理想原料，除了出油率高外，还营养丰富而极易为人体吸收，可以软化血管、延缓衰老。油菜籽榨油后的麻渣，饲养家畜、改良土壤皆为上选。其泽披，从旧时的"门源油，满街流"，到如今的"门源油，天下流"。一方生民，不仅得以生息，也可借以致富。

门源，竟是最具凡尘气息的油菜花营造了天堂的意象。岂不又一次实证了形上与形下粘连与融合的华夏韵味？

上溯至五千年前，达坂山向南的另一侧，湟水在注入黄河之前，养育了西人称"史前""新石器时代"的陶人。这一支陶人，属于考古学上的马家窑文化及其延续。河湟谷地的文明之光，今人观之，灿烂夺目。陶人者，陶土成器时代之先民也，堪称人类的少儿期。一应"文明"，皆滥觞于此。其时，人类虽无冶金之力，却已引火有成。可以弄火的先民，"埏埴以为器，当其无，乃有器之用"。这一番真正可称创世纪却又不过捣弄泥巴之举，宋应星谓之"水火既济而土成"。先民一旦陶土成器而为陶人，便是于天地间无中生有地造成了全新之器。此器妙在以无为有，非如此不足以储存、保全。一旦以陶器储存、保全，即是物、我两静，将"今日之物"留与"明日之我"。储存、保全之外，陶器又有生成之能。诸如生米煮成饭、谷物酿成酒、豆腐变身为豆腐乳等，岂可离开陶陶罐罐？于是，保全与生成之用，便抽象与超越为化育之功。华夏后人言，"天有其时以化生万物，地有其材以养育万物"，探其源，端在陶器时代。

假若上天有眼，遥望大地，定然把地上生灵称为门源的这一处，只当作一只陶罐。这只陶罐，不出自马家窑文化，恰恰由之催生出诸如马家窑文化者流。冷龙岭与达坂山，形如陶壁；大通河纳雪山之水，以养育生民、草木、禽畜，使后世所言"上善若水"无虚。门源为罐，融天地阴阳于一，合天堂凡尘并在。

门源之罐，竟已亏损。新修的兰新客运铁路足够火车风驰电掣，代表着冶金术的当代能量，它无异在罐底造成了一道裂痕；时不时出现的工地，肆虐地将原本的耕地改变了用途、形态，不再可供油菜花植根；夏雪化身而来的溪流，本该清澈却极混浊，本该盛大却成细流；

抬眼看不远处的山，许多是灰褐色的，全无美感，更无生气，想是雪融得彻彻底底的，使原不裸露的山尖变得丑陋甚至狰狞。门源地表上的这般情形，是天堂有污、受辱？

猜想，天堂不用烟火，凡尘才要。人间用烟火而光明，而温暖，而动静；也用烟火而戕害，而征伐，而毁灭。火之于人间，无如"萧何"，由之成，由之败。世上的悲欢离合、得失取舍，在在与火相关。凡尘里，引火陶土在先，以火冶金在后。火从何来？农耕时，火自地表来，火势甚小；工业化，火由地下出，火力巨大。诸如煤、石油、铀成为火源，便成了货源，终至于祸源。族群之间你争我夺、殊死拼杀之余，更有工业化的猛火烈焰灼伤大地与生灵之虞。凡尘中的天堂意象，眼见要毁于熊熊燃烧、急速蔓延的这一道人间烟火。

它是冶金之火，非陶土之火。

门源，连同她的青藏高原，会是下一个黄土高原？

青铜何熠熠，遗址于大地

"大冶"之名，非此地不足以当之。大冶之名，赖境内之铜绿山古铜矿而得。

大冶向西北约百里，是省会江城武汉。东湖边上的湖北省博物馆里，一套青铜编钟震撼今人，为同类青铜文物之冠，不仅为镇馆之宝，也几乎可以身列国之重器。因其出土于曾侯乙墓，便称"曾侯乙编钟"。遥想距今约两千五百年的战国早期，这套与"钟鸣鼎食""礼别乐同"相关联的礼器，定然是曾国之重器。

这套编钟及钟架铜构件，俱为铜、锡、铅合金，各部件的合金比例因用途而异。技法上，由挥铸、分铸、锡焊、铜焊、铸镶、错金、磨砺等制作而成，工艺精湛。编钟的装配、布局，从力学、美学、实际操作上，都显得十分合理。全套编钟装饰以人、兽、龙、花和几何形纹，细致清晰，采圆雕、浮雕、阴刻、彩绘等多种手法，取赤、黑、黄色与青铜本色相映衬，极显庄重肃穆、精美壮观。

击奏这套编钟共需五人。三人用六只"丁"字形木槌敲中、上层钟，奏高、中音；两人各持长形棒，击撞下层钟，奏低音。"每钟均有呈三度音程的两个乐音，可以分别击发而互不干扰，亦可同时击发构成悦耳的和声，证实了中国古编钟每钟双音的规律。全套编钟具有深沉浑厚的低音、圆润淳朴的中音和清脆明快的高音。其音域自 C2 至 D7，中心音域内具十二半音，可以旋宫转调，演奏七声音阶的多种乐曲。"整套编钟音域宽广，音列充实，音色优美，及至有人把曾侯乙墓称为"地下乐宫"。现代钢琴上的所有黑白键音响，都能在这套两千五百年前的青铜编钟上奏出。其定音频率为二百五十六点四赫，与钢琴上的中央 C 频率几乎完全相等。比起欧洲十二平均律的键盘乐器，曾侯乙编钟要早将近两千年。据说，欧洲和印度的铜钟，横截面都取正圆形，钟声衰减缓慢，并且每钟只发一个音，无论钟的数目怎么变化，都仅做节奏乐器用。而中国的编钟自西周中期出现以来，合瓦形为定制，可以做旋律乐器。

曾侯乙编钟上铭文标示了钟的悬持位置或敲击部位及其所发音的名称，它们构成了十二半音称谓体系。乐律理论记述了曾国与楚、晋、齐、申、周等国的律名对应关系。钟铭所见律名二十八个、阶名六十六个，绝大多数都是前所未知的新材料。编钟铭文，足以作为一部重要的中国古代乐律理论专著。

我在眼见馆中的这套编钟真身之前，已特意购得一张碟，其由编钟演奏，流溢荆风楚韵。这一日来到九省通衢处的湖北省博物馆，遂静下心来，从容地听了一场馆中的编钟演奏。此时此地，纵然我于音乐完全外行，也还是对洪钟大吕、金声玉振有了些直接的感受。若说这古来之声，可震华夏，倒非过于虚夸。而于视觉言，则是同由曾侯乙墓出土的一道酒器尊盘令我叹为观止。这是尊与盘的复合器，其口沿的镂空附饰，采用熔模铸造工艺制成，繁复而错落有致，可谓玲珑剔透、登峰造极。其精致、细腻，华贵、庄重，典雅、雍容，看着便觉匪夷所思。单尊、盘上明显可计数的蟠龙、蟠螭即达一百六十四条。同样出处的青铜鹿角立鹤，却又全然相反的气象，简约、素雅，空灵、飘逸，有如自世外兴之所至地降落凡尘，送一份安乐、吉祥予生民。它另得了灵鸟的雅号。

　　江汉平原上，这个曾侯乙，着实只是后生。与湖北省博物馆隔长江，有遗址盘龙城，其于华夏文化之价值，远非随县曾侯乙墓所能望其项背。只是，论到今人耳中名声，却是盘龙城寂寂无闻。湖北省博物馆要到几年前调整馆藏布局，才专门辟出主题陈列《盘龙城——长江中游的青铜文明》。

　　人类在陶土成器之后，进入冶金造型的历史。青铜纹饰脱胎于又不同于陶纹，兽面纹即是。盘龙城遗址出土有规整的雕琢兽面纹，后来在铜器上常见的纹样与之一致。这是已知年代较早的兽面纹样，可称制作精巧。一件兽面铜牌，用二百多块绿松石镶嵌而成，是已知最早的铜镶玉石制品，工艺水平也较高。盘龙城的青铜器也是中国已知年代较早的青铜器，有爵、铃、戈、镞、戚、刀、锥、鱼钩等。铜爵的合金成分为铜百分之九十二、锡百分之七，属锡青铜；铜爵的胎壁较薄，表面较粗，无装饰纹样，应属早期青铜器。工具和兵器用单范铸造，爵则运用复合范铸成，铸造工艺比较复杂。可知青铜铸造已经达到相当的水平。遗址还有不少铸铜的坩埚、陶范、铜渣等。这意味着，盘龙城不仅是一处大规模、高等级使用青铜器具的遗址，也是一处铸造青铜器具的遗址。那么，何处采掘与冶炼?

目前的看法，盘龙城属于商代，是殷商在南方长江中游的统治中心。大约，盘龙城要比曾侯乙墓早了千年。少数学者甚至认为，盘龙城历史更早，属于夏王朝，乃至贵为都城。无论盘龙城的年代最远可及于夏，或只限于商，建都或筑城于此的动因，都与铜矿有关。青铜时代，铜的多少即是国力之强弱，铜之所在遂成兵锋所指、城都所定。这般情形，也延及春秋、战国。到了楚国足以掌控长江中游南岸的产铜区域时，楚王便不自禁地中原"问鼎"了，于僭越之举全然不顾。楚之强，使那个以编钟遗惠今人的曾侯乙，当时便已由诸侯沦为楚王的附庸了。

盘龙城坐长江北岸而面南，一线在望。这一线，自西向东，有湖北大冶铜绿山、江西瑞昌铜岭村、安徽铜陵，顾其名而明其义，确是"铜线"。恰好沿长江南岸。青铜文明里，这便是一线生机。其勃勃生机，遂有青铜熠熠生辉。盘龙城虎视鹰扬，这道粗壮、厚实的铜线就牢牢抓在手上了。

从盘龙城向南跨过长江，便可抵达大冶。铜绿山正在盘龙城眼皮底下。这些年，相继发现瑞昌、铜陵都有最早年代为商代的铜矿遗址。这道"铜线"上，铜绿山无疑是领袖群伦的。在迄今所发现的古代铜矿遗址中，铜绿山遗址年代最早，规模最大，生产时间最长。以此之故，现在建有"铜绿山矿冶遗址博物馆"。目前比较谨慎的看法，公认其采矿、冶炼的最早时期为商代。我专访铜绿山时，遗址博物馆的工作人员称，据碳十四测定的年代可达夏代。不知是否确凿。猜测，年代越早，越在上层，后来的采掘就极容易使早先的采掘变得如雪泥鸿爪般，化作了历史烟尘。今人要想确知，着实不易。另有一说，在大冶正南相邻的阳新，大路铺铜矿遗址则早至新石器时代。铜绿山遗址仅现存的炼铜废渣即有数十万吨，相应推断，从中所得红铜总数当在十万吨。有趣的对照是，近处，曾侯乙编钟，总重尚不及十吨；远处，晚商妇好墓的六件青铜器，其试样与铜绿山所出之铜的数据极为接近，大抵原料来自铜绿山。下迄宋初，铜绿山铜矿还在大规模采炼，遂单独置县，县名大冶，"大兴炉冶"之意。

铜绿山矿冶遗址博物馆的核心展示，是古矿井。各式形状，平的、竖的、斜的；极为狭窄，仅容得一人匍匐进退。三千年前，甚至更早，先民就在这样的矿井里，掘取地下所藏，造出地上辉煌。如今，人去井空。所去所空，除了采矿的人，还有哪一端？

四十年前，八旬老翁汤因比在英伦为世人留下《人类与大地母亲——一部叙事体世界历史》。在我眼里，这已是警世之作。他贯通万年人类活动，由生物圈的视角审察全球文明，语出惊人："如果人类没有发明冶金术，如果人类在达到新石器时代的技术水准后没有取得更高的技术成就，那对我们的子孙后代可能会更好些。"汤翁出语，于自己，堪为临终绝笔，其言自善；于世人，或以为振聋发聩，或以为无稽之谈。我知汤翁必有深意，翻遍全书却未见其何以为据。也许，这耄耋智者是在生命回光返照之时，灵光闪现，指点人类文明之玄机。他顾不上，或认定实无必要，将这玄机条分缕析。

我在铜绿山，不由得想起汤翁语中玄机。对着前人遗址，凝神静思，终有所悟。人类用冶金术，给自己造出个全新的难题，迥异于上天加于人类的自然限制；这难题不仅至今未得其解，而且人类看来是越发受这难题的困扰，深陷其中；人类的一应悲剧、惨况，诸如奴役、残杀，也由此难题而来。这难题，乃是枯竭。

宇宙洪荒，天地玄黄，万物有灵，人安其命。万年前的人类，匮乏是极大难题。采集渔猎不足果腹，天寒地冻无以取暖，等等。种植黍稻，畜养禽兽，是将一样又一样的自然物种驯化，以之应对天赐有欠。也毋宁说，人类得以种植、畜养，是另一样天赐。所谓取之有道，原初大概该如此理解。将植物、动物驯化的同时，人类也驯土，即引火制陶。随后人类看来极其"自然"地冶金造型，在驯土之后驯金。这内里的原动力，在形下的功用层面，该是人类追求行动的效率。从青铜到铁，金属的坚与锐，使之作为工具与兵器，具有无可比拟的效率。借着越来越高的行动效率，匮乏便越来越难以困扰人类，甚至人类可以坐享富余。

洪荒时代，类人猿扔出第一块石头，这石头就成了石器。人猿从此揖别。人类熔化第一块铜矿石的时候，他是完全想不到，也不需要想到，其行止已是不可逆的。人类从此走上不归之路。随着人类熔炼矿石的炉火越来越旺，熊熊之火蔓延四方，可熔之矿也越来越少。那地里的储量，原是天定下的，不由人意而增，只因人力而减。人类随冶金的路子走下来，到近几百年，熔矿的火源也变得取自地底了。于是，煤与石油这类矿物能源便也渐渐稀缺乃至枯竭。这是工业文明固有的难题。即便农耕时代，耕作效率因铁器之用而大大提高，也会造成土地衰退与枯竭的问题。关中平原与黄土高原，即是明显的例子。如此说来，人类从地下掘取第一批矿石，实在是从地下攫取，为了满足一己贪欲，虽然这贪欲很自然。

工业文明到了晚近的一百年，枯竭愈演愈烈。雨林消失，雪山融化，荒漠扩展，河泽干涸，空气污浊，物种灭绝。人类行径有如以万物为刍狗。这是自然世界之枯竭。与生物多样性消失并生的，是文化多样性消失，语言、风俗、宗教、艺术不再多姿多彩，越来越在工业文明的全球狂飙突进中受标准化之度量与取舍。若说这是族群对族群、人类对自身视为草芥，不为过。此为人类心灵世界之枯竭。

谁能想到，人类在地表上经天纬地，竭力摆脱匮乏，抗拒上天加于人类的自然限制，好像也勉强做到了。可这"人定胜天"的背后，不期而至的代价，竟然是人类自己在文明中造出了枯竭，却永难摆脱，有如恶性肿瘤，愈见其扩散。究其因由，大抵在于错解了"大冶"。《庄子·大宗师》谓："天地为火炉，造化为大冶。"超越意味的"大冶"，在猛火驯金中下降为工具性的"大冶"了。也注定了大冶如今已退为"资源枯竭型城市"。

莫非，所谓文明，其内在逻辑与固有行径，实为在毁灭中创造，以创造而毁灭？

莫非，文明之中，毁灭越大，创造才越大？

莫非，只见创造，未察毁灭，一味沾沾自喜于创造，乃人类至深之蒙昧？

莫非，治愈人类今日恶疾以通向未来之路，唯在向来路返回？

莫非，"反者道之动"，道在陶中，陶即是道？

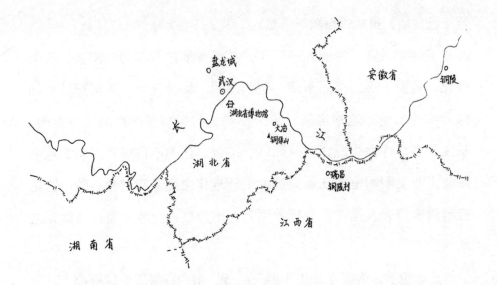

陶与火，华夏与欧美

钦州位于广西濒临南海处，无论是历史上还是今天，都远非热闹繁华、声名卓著。然而，其所出坭兴陶，却颇有迷人之处。穿城而过注入北部湾的钦江，得上天所赐，东岸、西岸蕴藏着软、硬不同的红陶土。取陶土以四比六混合，烧出的便是坭兴陶。钦州城里，有一家"坭兴陶艺术馆"。费了一点点周折，才寻觅到这其实不大的坭兴陶制品展示馆，倒长了不少见识。大小不一、用途有别、形色互异的陶器，自有别处不可见的妙趣。最令我惊讶的是，有些近一人高的大型陶器，明显是用作陈设、装饰的，看起来像是铜质的，至少我以肉眼凡胎是看不出其为泥土所制的，披着金属般的光泽，很有几分气势。用手轻扣，发出的声音也是金属的感觉。于所谓"金石之声"，不遑多让。当得巧夺天工了。换在别处，若有人说这是陶，我断难相信。

茶饮日盛之下，原本不烧制茶具的坭兴陶，也多出了茶具这一个品种，壶、杯、套件等一应俱全。我选了几把茶壶和若干花色、大小、色彩同异互见的茶杯。那些茶壶，造型上沿袭了素负盛名的宜兴紫砂壶，并无特出，可是由手指与手掌所得触觉，却有宜兴紫砂壶所没有的光滑、柔嫩。这光滑、柔嫩，因泥质纯净细腻由烧制自然形成，无须额外打磨。每把壶的色彩，各不相同。有黑漆漆的，有岩石般灰的，或者呈铁褐色，或灿烂如晚霞，也有深蓝色的、墨绿色的。一把壶上的不同部位，也不同。有的地方渐渐变化着，过渡到另一番意境；有的地方却是突变，对比极强。景德镇的瓷，常常因窑变引人入胜。陶中只有坭兴陶，由烧制时的窑变造成这样的多姿多彩、斑斓绚丽。宜兴紫砂是不窑变的。陶师告诉我，即使同一批陶土制成壶入窑，烧出来后也绝不雷同。他说，每次开窑，他都很兴奋，不知道这回这些壶能呈现什么样的色彩，那是完全无法掌握也无法预知的。我听着，便觉得这些泥土是有灵性的，又很淘气。它们就着温度，各自幻化出身形，随性地展示它的精光神采。在陶师手中，坭兴陶以其最适合刻字和表现传统浮雕工艺而称绝。我用那几把坭兴壶沏了几回茶，意外地发现，这小小的茶壶，竟然含着丹霞魂、雅丹韵，有如引我重返丹霞山水、雅丹土林。也是。这精灵，本就在烈火中修炼的。

人类文明，驯火于前，再借火驯土于后。以火驯土而成陶，于文明演进堪称关键之点。可惜，向来以西人为首讲文明演进之脉络，只着重于金石之器，分了旧石器、新石器到青铜器的路数，对驯土成陶几乎视若无睹。适成辨识人文之大偏颇。这个话题，暂且按下。单说陶与火的关系。

当年宋应星称，"水火既济而土合"，似有不妥。无水，泥土固然无以塑形，形既塑，又非得猛火烈焰去水以定型，才成陶器。水之于驯土成陶，犹似"鸟尽弓藏"，或谓"功成身退"？如此观之，水之于驯土，不过媒介，相互作用者，实乃火与土。因火成陶，"土火既济"始成陶。

这火，从何而来？实证的意义上，这一问，再无答案，也不必有答案。只当上天厚待直立的这一种生灵，令其驯火有成，从此得以美食、强身、取暖、驱邪，更生化出绵延已数千年的"文明"来。在观念的臆想里，在华夏的精神世界，有那远祖燧人氏，钻木取火；于泰西之心灵深处，神界的普罗米修斯，盗来天火。华夏与泰西之分野，所由来者，唯此一端？

数十年前，德意志的雅斯贝尔斯发一宏论，泰西与华夏俱为之折服。他梳理文明的路数，以为在距今两千五百年前后的数百年里，乃是人类的"轴心时代"，各个文明区域喷涌出老孔、佛陀、苏格拉底一应巨人，奠基并厘定了此后的人文化成。"轴心时代"向前很久很久的文明萌生期，雅斯贝尔斯称为"普罗米修斯时代"。如此划分是否果真精到，另说。雅斯贝尔斯认定有那"普罗米修斯时代"，堪可注意者，有二。其一，所谓"文明"，赖驯火而生。其二，自神界将"天火"盗向人世的普罗米修斯，不仅在西人之心神中备受推崇、赞叹、景仰，更以之命名一个文明阶段。这名，在雅斯贝尔斯，大概命得信手拈来、自然而然。这就大可玩味了。借个中国式的语言，普罗米修斯将天火盗到人间，那是"善莫大焉"。普罗米修斯之盗火，便涉及了凡俗世界中的永恒难题，目的之善与手段正当是否有必要兼顾？如何兼顾？若对普罗米修斯大加颂扬，那是暗含着但问目的、不择手段的行动逻辑了。难道，今日文明，骨子里深藏着的基因，竟是掠夺、盗抢？

地表上诸种文明中，"盗火"的这一系，着实擅长驯火，至少看起来比"钻火"的一系文明于驯火上要高明多多。燧人氏的后代，机缘巧合地把原本明晃晃的火，转换身形成了火药，从原来的有质无形变成有形无质，火就从明转暗、从动化静了。"火药"之称，也有趣得很，以火为药。传言当初是拿了"火药"来祛病的，祛的还是君王之病。修道之士炼丹药求长生，也大抵属于以火为药。原本说来，将火从有质无形变成有形无质，那是人类驯火之途上的革命性创造。可这般革命性创造，也没有给燧人氏的后代带来革命性的文明变化。一切有如不曾发生般。可是，受惠于普罗米修斯盗火的欧罗巴，一旦触摸到"火药"，便瞬间把它改造成"火器"，再不是意图祛病、企盼长生的"药"，而是攻城略地、毁人生机的利器。

在"轴心时代"，早于苏格拉底的毕达哥拉斯、德谟克利特等智慧之士，提出"数"和"原子"的观念，足以为后世科学之"种子"，铺垫了欧罗巴后来的实证主义与分析方法。实证科学是欧罗巴一道无形的利器，简直可以说其力大无穷、无所不能。欧罗巴用这道利器，邂逅了燧人氏的后代所造的"火药"，不仅在他自己身上摧毁了中世纪的骑士与城堡，更是凭借有形的"火器"之凶猛，征服了整个地表，造成一个"全球化"的体系。在这个体系里，欧罗巴是主导者，乃至称霸者。这几百年来的人类"文明"，毋宁是欧罗巴四处点火的"文明"。这火，点得地表着实越来越明亮，昼夜不分、颠倒晨昏，却未必就越来越人文化成了。

欧罗巴用实证科学来驯火，另一样的惊天地、泣鬼神。借着实证科学之威力，欧罗巴既四处点火而将整个地表征服，珠峰与南极也不能免，还向地心方向征服，其"文明基因"中的掠夺与盗抢，复演绎到极致。那些以煤、石油为生命形态的矿物质，在欧罗巴驯火的文明中相继显形、献身。这些献身的火源，因其奇货可居，又成为"货源"，使得征服世界的欧罗巴与为欧罗巴征服的世界竟相争斗不止。"为信仰而战"早让位于"为石油而战"了。"货源"恰是祸源。甚至，地下叫作铀的东西，也为欧罗巴驯服，不得不成为最新而威力最为强大的火器与火源。可是，这火源，无可避免地常常又成为更要命的祸源。欧罗巴领着整个世界，在人类乃至一切生灵的头顶上，悬了一柄随时要落下来的"达摩克利斯之剑"。这个"现代文明"，命悬一线矣。曾有无上智慧之"老先生"，告诫人类，"师之所处，荆棘生焉。大军之后，必有凶年"。欧罗巴似乎是有意用其威猛、狂野的"普罗米修斯之火"，反向来验证神龙般的无上智慧。

　　欧罗巴之驯火，也着实驯得高明、精巧。同样拜实证科学之赐。爱迪生造出"电灯"，那可比之前所有的照明用具来得明亮、方便，真正是可以"气死风"的。本茨更发明了汽车以奔驰，令汗血宝马也望尘莫及。借着线路与开关，火可以铺设到任何地方，指尖一点、一点，火便招之即来、挥之即去。一旦造出电池来，火就可以任意搬动，轻便、灵巧。今天，几乎每一个人，从耄耋老人到稚齿孩童，或手机或游戏，都在"用火"，却浑然不觉。也因此，火便用于无限宽阔的范围，人对于火的依赖愈见其甚。可以三日食无肉、数月居无竹，却不能片刻身无火。

　　唉。那个玩火的男孩儿，欧罗巴。

　　燧人氏的后裔，火药之后再无驯火上的新花样。这一下停滞，竟至于后来面对欧罗巴的火器，屡屡溃败、无尽煎熬，历经劫难、死里逃生。痛定思痛之后，也学着玩火，眼见着把这玩火的功夫学了个八九不离十。可若拿自家见贤思齐的尺子来量一量，又好像只学了个好勇斗狠。这一端，也着实一言难尽。

燧人氏的后裔，心思、秉性大抵不在驯火上，而是把功夫都用在了借火驯土上。英儒汤因比断定华夏文明之冶铜，乃学自西亚。此尚无实证。不过，西亚之冶铜，早于华夏千年确是定论。然而，华夏于青铜文明上实在是后来居上。史家认定，燧人氏的后裔以火驯土的功夫极为了得，例如陶窑的温度能达到极高。由此猜想起来，华夏一族，铸青铜器的陶范便要高明许多，遂使青铜文明熠熠生辉。等到了"轴心时代"，乃有老子论宇宙之大道、孔子叙人伦之精要。

顺着这个路数，华夏驯土越发得心应手，令东洋西洋、旧大陆新大陆相继为之倾倒。然而，外人倾倒于华夏之陶，大抵在于其实用之称手，再加审美之精妙。形下器物之陶，其形上之意蕴，未必能意会。古来之欹器，足称典范。"虚则欹，满则覆，中则正"，以一个具象的实用器具，把不可极端、中道平衡的人生态度、处世准则、辩证思维一并含蕴其中。古人以之为座右铭。纵然孔圣人，面对欹器也是感慨不已。这欹器，以及借欹器寄情寓意的华夏，不恰是一个练达、从容、沉静、清雅的成熟之士？到他遇到玩火少年而自己适逢有疾加身，能不胡子眉毛火烧、衣裳卷辑弃守？

火若自天盗来，文明便无关大地。陶自大地取土，文明则不脱根本。以驯火而彰显的当代"文明"，正是越发去地化，显出无根性。

东方的华夏，陶的文明，圆润，静定，不争。陶的文明，其性为阴。

西方欧罗巴，火的文明，刚猛，躁动，扩张。火的文明，其性为阳。

今日之世，无如天悬十日，阳之过盛，灼伤大地与生灵。

一阴一阳之谓道。此，天降大任于华夏。